Lyn Graft

Storytelling Empreendedor:

como uma boa história construiu marcas como Amazon, Pinterest e Starbucks

TRADUÇÃO
UBK Publishing House

ubook UBK Publishing House

Publicado mediante acordo com a DropCap Rights Agency. Edição original do livro *Start with Story: The Entrepreneur's Guide to Using Story to Grow Your Business* publicada por Lioncrest Publishing.

COORDENAÇÃO Alessandra Brito
EDIÇÃO Nikita Sigrist
COPIDESQUE Christian Daniel
REVISÃO Douglas Santos e Diego Franco Gonçales
CAPA E DIAGRAMAÇÃO Bruno Santos

Dados Internacionais de Catalogação na Publicação (CIP)
(Câmara Brasileira do Livro, SP, Brasil)

Graft, Lyn
Storytelling empreendedor : como uma boa história construiu marcas como Amazon, Pinterest e Starbucks / Lyn Graft ; tradução UBK Publishing House. -- 1. ed. -- Rio de Janeiro : Ubook Editora, 2021.

Título original: Start with Story: The Entrepreneur's Guide to Using Story to Grow Your Business
ISBN 978-65-5875-120-5

1. Administração de empresas 2. Empreendedores - História 3. Empreendedorismo 4. Empresas - Planejamento 5. Planejamento empresarial 6. Planejamento estratégico I. Título.

21-60273 CDD-658.1

Ubook Editora S.A
Av. das Américas, 500, Bloco 12, Salas 303/304,
Barra da Tijuca, Rio de Janeiro/RJ.
Cep.: 22.640-100
Tel.: (21) 3570-8150

Para minha mãe, Eva Graft, a estrela guia da minha vida e a melhor contadora de histórias que eu já conheci.

Para minhas irmãs, Cindy, Lindy, Mindy e Windy, pois eu sou o irmão mais sortudo do mundo.

Para meu melhor amigo de quatro patas, Fitty G. Melhor. Cachorro. De todos. Depois de terem feito você, quebraram o molde para cachorros.

Para minha melhor amiga de duas pernas, Ingrid Vanderveldt. Obrigado por estar sempre presente.

E a todos aqueles que acreditaram em mim. Vocês são o máximo. #TrueStory

SUMÁRIO

INTRODUÇÃO ... 9
1. O PODER DA HISTÓRIA ... 17
2. O QUE É UMA HISTÓRIA? ... 29
3. A HISTÓRIA DO EMPREENDEDOR ... 39
4. OS TIPOS DE HISTÓRIA ... 51
5. COMO SE DESTACAR ... 61
6. A CHAVE PARA HISTÓRIAS MEMORÁVEIS ... 79
7. SUPERANDO O FATOR "E DAÍ?" ... 93
8. CRIANDO SUA HISTÓRIA ... 105
9. PREPARANDO E ORGANIZANDO OS ELEMENTOS DA SUA HISTÓRIA ... 117
10. CONSTRUINDO SUA HISTÓRIA ... 127
11. AVALIANDO E REVISANDO SUA HISTÓRIA ... 137
12. PRATICANDO SUA HISTÓRIA ... 151
13. DOMINE SUA HISTÓRIA ... 165
CONCLUSÃO ... 173
AGRADECIMENTOS PELA JORNADA DO AUTOR: A HISTÓRIA DO LIVRO ... 177
NOTAS DE FIM: REFERÊNCIAS DAS HISTÓRIAS DE FUNDADORES ... 187
SOBRE O AUTOR ... 195

INTRODUÇÃO

EU ESTAVA CANSADO, FRUSTRADO E CONFUSO sobre o que fazer a seguir. Dois anos após ter terminado meu MBA na Universidade do Texas, em Austin, eu fundei minha primeira startup com minha melhor amiga. Já tínhamos passado meses organizando o lançamento e estávamos prontos para nos aproximar dos investidores-anjo para nosso primeiro investimento externo.

Depois de um longo tempo investido em nosso plano de negócios e em nosso pitch[1], fomos informados por colegas e consultores informais que ainda havia inúmeras coisas erradas, mesmo depois de todas as atualizações e mudanças que tínhamos feito. Ela e eu nos sentimos completamente perdidos. No final da tarde de uma segunda-feira, contudo, lembrei-me de um encontro mensal que aconteceria naquela noite no Conselho de Software de Austin, no qual haveria uma palestra sobre coisas relacionadas a startups. Nós ainda estávamos tratando do nosso problema, e eu havia planejado originalmente me ausentar do encontro porque tínhamos muito o que fazer. Não havia tempo para ouvir alguém queixar-se de sua startup quando a nossa precisava de tanto trabalho.

1. Uma curta apresentação que tem em média entre três e cinco minutos, elaborada com o propósito de convencer um cliente ou um investidor em potencial a investir em seu negócio. [N.E.]

Entretanto, completamente esgotado pelo desafio em mãos, decidi sair do meu apartamento e me afastar do computador para fazer uma pausa. Cheguei tarde ao encontro e não fazia ideia de quem era o palestrante, mas o auditório de duzentos lugares estava lotado. Presumi que o cara era importante, mas não o reconheci quando o vi no palco.

Ele levou uma bolsa de viagem para o palco e começou declarando que gostaria de contar sua história usando um conjunto de camisetas que estava dentro da bolsa. Ele a abriu e puxou uma camiseta com o logotipo de uma empresa. Ele segurou a camiseta para todos verem e disse: "Esta foi minha primeira empresa."

Eu nunca tinha ouvido o nome da empresa ou visto o logotipo antes. "Na época, esta foi uma ideia legal", disse ele, "mas nunca fomos capazes de fazer a tecnologia funcionar". Ele deixou de lado a camiseta, colocou a mão na bolsa e tirou outra camisa. Novamente, irreconhecível. "Agora, esta empresa foi uma ideia legal", ele começou. "Conseguimos fazer com que ela funcionasse, mas não conseguimos transformá-la em um produto que qualquer um se importasse, de modo que a empresa também fracassou." Ele pousou a camisa e puxou outra para fora. "Esta foi nossa terceira empresa. Foi uma grande ideia e tinha ótima tecnologia. Nós a transformamos em um produto que funcionava, mas ninguém queria comprá-lo. Foi uma situação terrivelmente frustrante." Ele balançou a cabeça, largou a camisa e puxou mais uma para fora da bolsa. "Esta empresa tinha tudo para dar certo: ideia, tecnologia e produto. Começamos a vender bem, mas um parceiro-chave não queria a continuidade do produto, então, acabamos fechando tudo."

Ele colocou aquela camiseta de volta na bolsa, e, àquela altura, pensei: "Este homem fracassou várias vezes e está compartilhando com confiança seus fracassos; ele só pode ser alguém especial." Ele continuou e compartilhou outro fracasso. Pelo que me lembro, também se tratou de outra grande ideia, uma grande empresa, grande equipe, tecnologia incrível, produto incrível, oportunidade de mercado, mas tudo aconteceu no momento errado. Eles perderam milhões de seus investidores. Eu só conseguia pensar: "Quem é este cara?"

Finalmente, ele ergueu a última camiseta, mas manteve o nome nela escondido. Então, ele disse: "Esta era uma grande empresa. Grande ideia, grande tecnologia, grande oportunidade de mercado, grande equipe fundadora. E as pessoas que tinham acabado de perder o dinheiro em nossa empresa anterior? Elas nos financiaram."

Ele virou a camisa ao contrário e, em letras grandes na frente, dizia AOL.

A AOL, ou America Online Inc., foi uma das marcas mais bem-sucedidas e reconhecidas da web nos anos 1990 e uma das empresas pioneiras da internet. O homem no palco naquela noite era Marc Seriff, um dos fundadores originais.

Naquela noite, fui para casa com um novo senso de otimismo e vigor para completar a apresentação e o plano de negócios. O trabalho valeu a pena. Em poucas semanas, fechamos nosso primeiro investimento de cem mil dólares em capital semente. A empresa que fundei viria a ter seus próprios altos e baixos, mas o que ficou daquela experiência naquela noite foi a história de Marc Seriff e a inspiração que ela me deu.

Quando falei com Marc recentemente, eu lhe contei como ele havia me inspirado. Ele se sentiu humildemente honrado. Embora eu possa não me lembrar das palavras exatas ou de todos os detalhes de sua história, o espírito do que Marc disse e a mensagem de perseverança e determinação funcionaram. Mesmo após todos esses anos, ainda consigo visualizar Marc no palco com a bolsa e as camisetas. Eu me lembro exatamente o que eu senti naquele dia, o que eu vi e como isso me motivou. Eu não sabia disso na época, mas aquele discurso plantou a semente do storytelling empreendedor em mim, e eu logo viria a aprender o quão poderosas as histórias podem ser.

A JORNADA DO EMPREENDEDOR

O empreendedorismo é uma das jornadas mais recompensadoras e gratificantes que você pode trilhar. Poucas coisas podem oferecer o tipo de orgulho pessoal e reverência interna que vêm de ser chamado de fundador, o que significa que cada decisão começa com você — desde o nome da empresa até a cultura, passando pelo produto que você deseja desenvolver ou serviços que deseja prestar.

Ao mesmo tempo, poucas coisas são mais desgastantes do que o lançamento de uma empresa. Você fica frequentemente isolado, sendo responsável por tudo sem ter ninguém a quem recorrer. Só você é o defensor da sua ideia. Ninguém nunca ouviu falar de seu negócio ou sabe quem você é ou o que seu produto faz. Você trabalha com poucos recursos em um contexto limitado, constantemente tendo que ir além de sua própria capacidade.

Para que uma startup tenha chance de competir, é necessário que ela tenha algo que nivele o campo de jogo. Você precisa de algo que lhe permita estar na competição, não importando o tempo, lugar, cenário ou recursos. Você precisa de um instrumento de persuasão e influência que lhe dê uma vantagem sobre os gorilas do mercado que têm cem vezes o tamanho de sua empresa.

Esse instrumento é a sua história.

Vinte anos após ouvir a história de Marc Seriff, a lição permanece a mesma: uma grande história muda tudo. Uma história convincente tem o poder de catalisar movimentos, revolucionar indústrias e derrubar gigantes. Ela pode ajudar a construir impérios, criar lendas e reescrever a história. Quase todo empreendedor de sucesso fundou sua empresa com uma história. E todo fundador pode criar uma grande história — independentemente do nicho, tempo de mercado ou recursos. Quanto mais você investe na história, mais ela o ajuda a realizar seus objetivos. Na verdade, existe uma correlação direta entre o sucesso e a capacidade do empresário de criar e contar sua história de fundação.

Blake Mycoskie, o fundador da TOMS, é bem familiarizado com isso. Um dia, Blake estava em um aeroporto e viu uma mulher vestindo um par de sapatos que ele havia desenvolvido e fabricado. Sem se identificar, ele lhe disse: "Eu gostei muito dos seus sapatos." A mulher voltou-se para ele e disse: "Ah, estes sapatos são incríveis. A empresa que vende estes sapatos é incrível. Para cada par que é comprado, uma criança em necessidade em outro país recebe um par igual. É verdadeiramente surpreendente." Ele meio que sorriu para si mesmo e disse: "Isso é ótimo", e começou a ir embora.

A mulher pegou um de seus ombros e disse, mais alto e com mais emoção: "Não, você não entende; para cada par de sapatos que uma pessoa compra, uma criança em necessidade, uma pessoa em necessidade, recebe um par de sapatos grátis. Isso é inacreditável."

Ela estava tão apaixonada pela ideia que Blake percebeu algo excepcionalmente poderoso naquele dia. O próprio produto, a própria coisa que ele estava vendendo, era uma história; e, por causa dessa história, seus clientes tinham se tornado uma espécie de pregadores de sua palavra. Uma vez que um público entende uma ideia como a de Blake Mycoskie — que para cada par de sapatos que você comprar, outra pessoa em outro país que não tenha dinheiro vai receber um par —, essa associação automática será feita para sempre.

Esse é o verdadeiro poder da história — criar uma imensurável conexão entre você e seu público. A conexão é a magia que faz as histórias funcionarem, mais do que qualquer fato, dado ou gráfico que você possa compartilhar. A história é uma dessas raras ferramentas que conecta pessoas simultaneamente, mas ainda permite que cada um se destaque, trazendo à luz as singularidades.

DESCOBRINDO O PODER DA HISTÓRIA

Como um empreendedor que passou os últimos quinze anos filmando empresários como Blake Mycoskie, sei em primeira mão o quão poderosas são as histórias. Minha produtora é responsável por capturar e compartilhar histórias de empresários do mundo inteiro. Eu produzi vídeos para canais de TV, revistas e corporações, assim como para os próprios fundadores. Criei e produzi até mesmo uma série para a CNBC, chamada *American Made*. Eu tenho a boa sorte de estar perto dos melhores dos melhores, tendo filmado mais de quinhentos dos principais empreendedores do mundo, incluindo os fundadores da Starbucks, Whole Foods, LinkedIn, Paul Mitchell, Dropbox, Zappos e The Knot.

Mas antes de me dedicar à produção de vídeos, eu era um fundador procurando maneiras de dar vida às minhas ideias e descobrindo como conseguir os recursos necessários para construir empresas a partir delas. Dezenas de veículos de mídia, centenas de investidores e milhares de prospects me disseram "não" ao longo dessa trajetória. Criei oito empresas e organizações, falhei miseravelmente algumas vezes e tive sorte em outras. Meu caminho tem sido variado. Tenho explorado um pouco de tudo, desde uma startup de alta tecnologia até o comércio eletrônico, passando por uma empresa sem fins lucrativos e uma empresa de produção. Pode-se dizer que eu sou um empreendedor "ferrenho".

Apesar dos meus muitos contratempos, é através das histórias, conscientemente ou não, que tenho sido capaz de tornar minhas startups destaques na revista *Wall Street Journal, Inc.* e no *The New York Times*, levantar dez milhões de dólares em capital de risco e gerar milhões em receita nas últimas duas décadas. Durante meus anos como fundador e na subsequente jornada filmando grandes empresários, descobri algo incrivelmente profundo.

Sua história é seu poder.

A história tece tudo o que fazemos como empresários, quer percebamos ou não. Ela é utilizada em todas as facetas do negócio — desde conseguir espaço na mídia até captar recursos, fechar vendas, recrutar pessoas para trabalhar para você de graça, conseguir um parceiro que o ajude a lançar uma startup e convencer seu cônjuge a deixar você usar todas as economias para perseguir seu sonho. Uma vez compreendida a abrangência do poder da história de um fundador, minha missão tornou-se clara para mim — ajudar outros empresários a descobrir qual é a sua história única e como eles podem usá-la para serem bem-sucedidos.

Também reconheci que não há uma única pessoa neste planeta que tenha tido as mesmas experiências únicas e o acesso direto que eu tive a alguns dos melhores empreendedores. Agora, através deste livro (e do curso correspondente, disponível online, Storytelling for

Entrepreneurs[2]), posso canalizar essa experiência e conhecimento para ajudar fundadores como você a aprender sobre a arte e a ciência do storytelling empreendedor.

Dentro deste livro, você vai encontrar dezenas de exemplos de como alguns dos empresários mais bem-sucedidos do planeta aproveitaram suas histórias para lançar e desenvolver suas empresas. Compartilharei histórias de empresários como os fundadores do Dropbox, da Pandora e do Starbucks para que você possa aprender com os melhores dos melhores.

Vou desconstruir uma história em partes para que você possa entender o funcionamento e usar isso a seu favor. Vou lhe mostrar como criar uma história que capte a atenção do público, estabeleça uma conexão com ele e, em última instância, o motive a tomar uma ação a favor do seu objetivo.

Compartilharei um método simples, fácil de aprender e rápido de implementar para ajudá-lo a criar sua história de fundação — uma história que você pode usar indefinidamente para crescer e ter sucesso. Você aprenderá a balancear as necessidades do seu negócio com os elementos da sua história e a alavancar o potencial das experiências que o colocaram nesta jornada de empreendedorismo, transformando tudo em uma narrativa hipnotizante e convincente.

Parte da minha paixão pelo storytelling empreendedor vem da minha produção de vídeo "paga", quinze anos atrás. Através de uma série de eventos sinérgicos, eu tive a oportunidade de filmar e entrevistar três empreendedores bilionários que tinham criado três das principais corporações no país: Michael Dell (fundador da Dell Computers), Red McCombs (fundador do Clear Channel) e o dr. George Kozmetsky (um dos primeiros bilionários do Texas e o fundador da Teledyne). Todos esses fundadores vêm de origens diferentes, com personalidades diferentes, e todos eles têm uma maneira única de compartilhar sua história e transmitir pérolas de sabedoria sobre o sucesso nos negócios. Eu fiquei fascinado.

2. Conteúdo em inglês. [N.E.]

Deixei o set com uma sensação de agito no peito — como se eu tivesse que compartilhar as histórias com minha mãe, ou irmã, ou melhor amigo, ou colega que tinha acabado de iniciar um negócio semelhante. Eu vi (e senti) o valor dessas narrativas, mas também percebi que muitos empresários não sabem apreciar suas próprias histórias.

Como empresário, você talvez pense que não é interessante, ou que seu negócio não é interessante, mas confie em mim... são sim. O fato de você ter iniciado sua própria empresa é incrível, e, se aprender a explorar essa história especial, você poderá usar isso a seu favor em todas as situações.

SUA MAIOR FERRAMENTA

Como fundador, você vai ter inúmeras oportunidades para compartilhar sua história na frente de todo tipo de audiência que puder imaginar. Uma boa história é o canivete suíço do empreendedorismo — disponível para solucionar qualquer problema. Você usará a história para impulsionar todas as facetas de seu negócio e ao longo de toda a vida de sua empresa. A história permite que você compartilhe seu dom com o mundo de uma forma que faça as pessoas quererem ajudar você. Isso pode alavancar tudo que é singularmente único em você e transformar numa vantagem competitiva.

A história é uma das maiores ferramentas que você tem como empresário. E lembre-se disto: todo bom produto está a uma grande história de ser um sucesso comercial. Tudo o que você precisa fazer é criá-la e ver o que ela pode fazer por você. Como Phil Knight, fundador da Nike, disse certa vez: "Qualquer construção pode ser um templo, desde que você a transforme em um."

É hora de fazer de sua construção esse templo. Começar com uma história é o primeiro passo.

Vamos começar.

CAPÍTULO UM

O PODER DA HISTÓRIA

AS HISTÓRIAS SÃO UMA DAS FORÇAS MAIS PODEROSAS no planeta. Como humanos, a história é parte de quem somos. Temos estado imersos no storytelling desde que começamos a caminhar pela Terra. Os antropólogos encontraram evidências de histórias em todas as culturas e sociedades do planeta. Elas podem ser encontradas em desenhos em paredes de cavernas, pergaminhos, pinturas e artefatos religiosos. A própria História (o conceito mais amplo) é cheia de histórias — de Hércules a Rei Artur, de Júlio César a Platão e de Atena a Cleópatra.

Antes da palavra escrita, homens, mulheres e crianças sentavam-se ao redor do fogo para contar histórias, a fim de entreter e transferir sabedoria dos mais velhos para os mais jovens. O ato de contar histórias era uma forma de a humanidade proteger o clã e sobreviver. Esse hábito perpetuado ao longo das gerações nos manteve longe do perigo e nos ensinou onde havia terra fértil para cultivar e onde havia comida e água para encontrar. A história criou as comunidades; ela era o motivo pelo qual as tribos se reuniam ao redor da fogueira no fim do dia. A história é parte de nosso *ethos*. Não importa de onde você é, quem você é ou qual a sua etnia, gênero ou contexto socioeconômico, você está inserido em uma história.

A HISTÓRIA E NOSSO DNA

Do nascimento à morte, o storytelling permeia cada etapa de nossas vidas. A partir do momento em que nascemos, estamos cercados de histórias. Pode-se dizer que elas estão em nosso DNA. Quando somos bebês, antes que sejamos capazes de entender as palavras de nossa língua materna, nossos pais leem histórias para nós. À medida que crescemos, as histórias são enraizadas através de nossa educação e experiências de vida. Tanto faz se essas histórias vêm da escola, da igreja, dos livros, dos programas de TV, dos jogos ou dos filmes; elas estão sempre lá. De *Chapeuzinho Vermelho* a *Moby Dick*, da mitologia grega a *Star Wars*, além dos contos transmitidos por nossos pais e avós, é por meio das histórias que nos divertimos, aprendemos e damos sentido para o mundo.

As histórias são tecidas em todos os aspectos de nossa vida pessoal e profissional. Nós crescemos com histórias como a de Davi e Golias e aprendemos que podemos realizar qualquer coisa, não importa a nossa estatura. Quando entramos no mundo dos negócios, nós nos voltamos para nomes como Henry Ford, John D. Rockefeller, Mary Kay Ash ou Walt Disney em busca do mesmo tipo de inspiração.

Nas últimas décadas, os empreendedores se tornaram os heróis lendários sobre os quais costumávamos ler. As histórias fantásticas costumavam se concentrar em personagens literários e figuras mitológicas, ou presidentes e generais; agora, estão focadas em pessoas como Richard Branson e Elon Musk, Oprah Winfrey e Martha Stewart. Aprendemos sobre o sucesso nos negócios através das histórias dos grandes empreendedores do mundo. Somos inspirados por seus ensinamentos e jornadas porque estamos naturalmente inclinados a absorver e gravitar em direção a boas histórias.

Na verdade, estamos biologicamente condicionados a interpretar a vida através das histórias.

A CIÊNCIA DAS HISTÓRIAS

As histórias vão além da leitura antes de dormir e da matéria que ensinam na escola — elas fazem parte da composição física e química da compreensão humana. As histórias não são apenas parte do nosso DNA e do nosso *ethos*, elas também desencadeiam reações físicas dentro do corpo humano.

O simples ato de contar uma história ativa mais partes do cérebro dos ouvintes do que a apresentação de apenas números ou estatísticas, criando, portanto, uma maior probabilidade de conexão entre o orador e o público. A descrição de um fato dispara uma maior ativação de duas partes do cérebro, enquanto uma história convincente pode fazer com que seis ou sete partes do cérebro se tornem mais ativas.[3] Além disso, você tem seis vezes mais probabilidade de lembrar as informações contidas em uma história do que se lembrar de um fato ou valor numérico por si só.[4]

Quando mais partes do cérebro se tornam ativas, mais substâncias químicas são liberadas, criando no corpo uma reação semelhante a outras atividades estimulantes. As mesmas substâncias químicas que são liberadas quando você come chocolate, faz sexo ou usa drogas são liberadas quando você ouve uma história. Essas substâncias químicas que são acionadas no cérebro e enviadas para todo o corpo fazem você se sentir bem quando ouve uma boa história, triste quando ouve uma história deprimente, ou empolgado quando alguém conta algo de forma eufórica.

---

3. Alexander G. Huth et al., "Natural Speech Reveals the Semantic Maps That Tile Human Cerebral Cortex," *Nature* 532 (2016): 453–58, https://www.nature.com/articles/nature17637; J. González et al., "Reading Cinnamon Activates Olfactory Brain Regions," *Neoroimage* 32, n. 2 (2006): 906–12, https://www.ncbi.nlm.nih.gov/pubmed/16651007.
4. G. H. Bower e M. C. Clark, "Narrative Stories as Mediators for Serial Learning," *Psychonomic Science* 14 (1969): 181–82.

Conversei com o dr. Paul Zak, diretor fundador do Centro de Estudos Neuroeconômicos e professor de economia, psicologia e administração na Universidade de Claremont, para entender melhor o que acontece quando esses neuroquímicos são liberados no cérebro. Como neurocientista, dr. Zak trabalha extensivamente no estudo de neuroquímicos para quantificar o impacto de histórias, filmes e publicidade nas experiências dos consumidores. Ele é reconhecido por ter descoberto o efeito comportamental da ocitocina (frequentemente chamada de hormônio do amor), um neuroquímico no cérebro que motiva as pessoas a se engajarem em comportamentos cooperativos. Em seus estudos, ele descobriu que histórias convincentes que acionam a ocitocina têm o poder de afetar nossas atitudes, crenças e comportamentos.

Dr. Zak compartilhou que esses neuroquímicos são um fator determinante para que as histórias possam estimular níveis mais altos de atenção do público, de modo que conexões emocionais possam ser estabelecidas. Quando somos expostos a uma história imersiva, uma série de substâncias químicas, como o ACTH (hormônio adrenocorticotrófico) e o cortisol, que são neuroquímicos que provocam a excitação, fazem com que o cérebro preste atenção. Posteriormente, a ocitocina, conhecida como o hormônio do amor por desencadear emoções como a bondade e a empatia, também é liberada, o que cria um nível de confiança. Quando você ouve uma história convincente, a combinação de químicos cria um efeito composto, fazendo com que você preste atenção e se importe com os personagens e propósitos da história. Dr. Zak acrescenta: "Quando você está emocionalmente envolvido na história, seu cérebro produz substâncias químicas que permitem que você compartilhe das emoções da história que está ouvindo."

Esta reação neuroquímica é a razão pela qual você sente seu sangue bombeando através de seu corpo quando lê um livro ou assiste a um filme. Essa mesma reação química também explica por que você se sente triste e chora ou ri alegremente junto com os personagens. Mesmo sabendo cognitivamente que o que você está lendo ou vendo não é real, você ainda sente como se estivesse experimentando todos os aspectos da história que está sendo apresentada. Isso se deve aos neurônios-espelho.[5] Este efeito implica que, qualquer que seja a experiência que a história ofereça, será ela a que o público literalmente experimentará. A mesma coisa acontece quando você está na frente de uma pessoa contando uma boa história. O cérebro dela irá imitar o que está acontecendo em seu cérebro.

Um estudo feito pelo professor Uri Hasson em Princeton demonstrou exatamente isso. O professor Hasson é um professor de neurociência que estudou o efeito da história sobre o cérebro. Em seu experimento, havia uma mulher que contava uma história em inglês, depois contava a mesma história em russo. Seu cérebro era monitorado, assim como os cérebros das pessoas na plateia. Todos os ouvintes só entendiam inglês, não russo. Quando ela compartilhou a história em inglês, todos eles entenderam sua história e seus cérebros começaram a sincronizar-se com o dela. As áreas do pensamento e da emoção do cérebro da plateia — a ínsula, o córtex frontal e uma variedade de outras áreas — começaram a imitar o que estava acontecendo no cérebro da mulher. Quanto mais o público entendia a história, mais os seus padrões cerebrais e as respostas correspondiam aos dela. Quando a mulher voltou e leu a história em russo, com o os mesmos pontos de inflexão e a mesma entrega emocional, o cérebro do público tinha zero de atividade correspondente, porque eles não compreendiam o que ela dizia. Como eles não entendiam o que estava sendo dito, essa não era uma história sendo compartilhada. Portanto, não havia conexão, porque o cérebro não foi ativado.[6]

Quando você pode criar uma resposta fisiológica através de uma história, isso tem um poder incrível.

Maya Angelou afirmou: "Eles podem não se lembrar do que você fez por eles ou do que você disse, mas eles vão se lembrar do sentimento que causou neles." Esse é o ingrediente secreto especial de qualquer história.

5. Giorgio Coricelli, "Two-Levels of Mental States Attribution: From Automaticity to Voluntariness," *Neuropsychologia* 43, n. 2 (2005): 294–300.
6. Christopher J. Honey et al., "Not Lost in Translation: Neural Responses Shared across Languages," *Journal of Neuroscience* 32, n. 44 (2012): 15277–83.

É esse sentimento, esse *je ne sais quoi*, que dialoga com a associação que você faz ao ouvir uma grande história. É o coração.

O coração é onde a conexão é feita com o público — preparando-o mental, emocional, psicológica e espiritualmente para o que você quiser que eles sintam. Quando as cordas do coração são puxadas, o público o seguirá para onde quer que você os conduza.

Histórias que nos levam a prestar atenção e nos envolvem emocionalmente são as histórias que nos movem para a ação.

DECISÕES EMOCIONAIS

Como empreendedores, estamos constantemente procurando maneiras de falar sobre nossos negócios para que as pessoas tomem uma decisão em nosso favor. Queremos que elas comprem nosso produto, invistam, escrevam sobre nós, façam uma reunião ou venham trabalhar conosco. Estamos tentando influenciar essas decisões porque as respostas têm um tremendo impacto em nosso sucesso diário. E, alternativamente, as pessoas não tomam decisões com base em fatos e informações — elas tomam decisões baseadas na emoção. Uma história pode persuadir um público a decidir de maneira favorável porque é infundida de emoção. Temos a tendência de acreditar que as escolhas que fazemos são o resultado de uma análise racional dos fatos e alternativas disponíveis. Entretanto, pesquisas demonstraram que a tomada de decisões não é nada lógica; é emocional.

António Damásio, professor de neurociência da Universidade do Sul da Califórnia, descreve em seu livro *O erro de Descartes* que a emoção é um ingrediente-chave no processo de tomada de decisão. Em 1982, Damásio teve um paciente, Elliot, que tinha um tumor cerebral, posteriormente removido. Embora a operação tenha sido considerada um sucesso e Elliot ainda tenha pontuado 97 na porcentagem de QI, a vida de Elliot começou a desmoronar. Faltava-lhe toda motivação e ele não conseguia tomar decisões. Ele debatia infinitamente sobre coisas triviais em sua vida. Damásio percebeu que o tumor tinha sido localizado na parte do cérebro responsável pela emoção.

Ao seguir o progresso de Elliot, ele descobriu que quando a área do cérebro responsável pela geração de emoções era danificada, o paciente ficava incapaz de tomar decisões, mesmo se o resto do cérebro funcionasse normalmente. A parte lógica do cérebro, que não estava danificada, permitia que Elliot realizasse tarefas diárias, mas ele não conseguia decidir coisas simples, tais como onde comer ou o que vestir. Ele podia racionalmente processar informações sobre escolhas, mas ele não era capaz de tomar decisões, porque ele não tinha um "sentimento" sobre as opções que lhe eram apresentadas. Damásio descobriu que a emoção acaba nos levando à ação. Sem emoção, humanos não se sentem obrigados a agir, independentemente da importância de uma situação ou de quanta informação é fornecida.

Parafraseando o dr. Damásio, apelar para o coração é mais eficaz do que apelar para a cabeça. Se você se concentrar em desenvolver uma grande história, você terá uma probabilidade maior de alcançar alguém emocionalmente. Humanos agem a partir da emoção. As emoções têm o poder de inspirar e motivar. Elas comunicam a paixão por trás de uma ideia ou crença e ajudam no discernimento do que importa. Evocar uma reação emocional de seu público o ajuda a entender por que ele deve se importar. A emoção os faz querer ouvir sua ideia e entender onde ela se encaixa em sua vida e como ela os afeta.

Tecer uma mensagem em uma história convincente é um dos métodos mais eficazes para alcançar, influenciar e persuadir um público. As histórias podem romper e até mesmo mudar os preconceitos e as crenças mais profundas. Se você puder comover as pessoas com uma narrativa que transmita sua ideia emocionalmente, há uma boa chance de que elas a abracem a partir de seus instintos. Se criadas e contadas eficazmente, as histórias transmitem uma mensagem para o público em condições otimizadas para que tomem uma decisão. Seja para pedir financiamento ou atenção da mídia, uma venda ou uma parceria, as histórias estimulam o cérebro a responder de maneira favorável.

Para os empreendedores, uma grande história pode ser a ferramenta que muda seu mundo inteiro.

O CANIVETE SUÍÇO DO EMPREENDEDORISMO

Uma das principais razões para ter no bolso uma boa história enquanto empreendedor é que muitas vezes ela é a única coisa que se possui. Alguns fundadores podem começar com uma equipe de pessoas, ter financiamento seguro antes do lançamento, ou mesmo ter alguma forma de reconhecimento de sua marca, mas a realidade é que para 99 por cento de todos os donos de empresas por aí, só temos a nós mesmos e uma ideia quando se começa. Como a maioria dos empreendedores, se você quer começar um negócio, provavelmente não terá quase nada, mas deverá fazer tudo.

A história é o único bem que pode ser criado a qualquer momento sem recursos, fornecendo a você uma ferramenta poderosa para ajudar a garantir os recursos que lhe faltam. Como um canivete suíço, a história pode ser usada para cada necessidade do negócio — levantar capital, impulsionar as vendas, desenvolver parcerias, conseguir mídia e fazer recrutamento. A história transforma algo intangível em algo tangível, o mundano em magnífico, o impossível em praticável. Ela cria uma ponte emocional entre você e seu público. Como um fundador, uma história o conecta a tudo o que você precisa.

Peter Guber, um respeitado produtor de Hollywood, cujos filmes ganharam mais de três bilhões de dólares em todo o mundo e receberam cinquenta indicações ao Oscar, fala extensivamente sobre essa ideia em seu livro *Contar histórias para vencer: conectar, persuadir e triunfar com o poder secreto da história*. Uma das premissas centrais do livro de Peter é que as histórias são seu Cavalo de Troia.

Como o cavalo, as histórias são um presente para o público e um meio de entrega. Elas introduzem a mensagem por entre as paredes defensivas do público. Neste momento, estamos cercados com mais informações do que em qualquer outro momento da história. Somos constantemente bombardeados por anúncios, vendas e mídias sociais. Devido a esse aumento de informação, nós automaticamente levantamos a guarda, tanto consciente como inconscientemente. Somos mais seletivos sobre as informações que escolhemos receber e ignoramos o que não temos pretensão de ouvir.

Como empresários, devemos procurar maneiras de romper a tagarelice de nosso mundo tecnológico e prender a atenção das pessoas. Uma história pode fazer exatamente isso ao baixar a guarda dos ouvintes. Com uma história, sua mensagem fica subconscientemente incorporada nas pessoas porque elas estão interessadas, identificando-se, aprendendo ou se importando com o que está sendo dito. Elas cruzaram a ponte e estão na história com você, assim como os sujeitos da experiência de Hasson sobre os neurônios-espelho. No momento em que terminam de ouvir a história, todos têm algum sentimento em relação ao negócio, o produto ou o serviço, e muitas vezes tomarão a ação sem precisarem ser persuadidos a fazê-lo.

HISTÓRIA DO FUNDADOR: BERT JACOBS

A história de Bert Jacobs, um dos fundadores da Life is Good, exemplifica como o poder de uma história pode mudar tudo. Eu vi Bert Jacobs falar e o encontrei na Texas for Women Conference alguns anos atrás, quando ele estava em turnê com seu livro. Eu senti em primeira mão a paixão, o impacto e a emoção visceral do transcendente poder de storytelling de Bert durante seu discurso e minhas subsequentes conversas com ele.

Bert e seus cinco irmãos cresceram em uma família de classe média baixa em Massachusetts. A casa deles era pequena e caótica. Eles podem não ter tido muito, mas seus pais lhes ensinaram o que mais importava na vida — amigos, família, risos e amor. O pai deles era um artesão e o provedor de toda a família. Um dia, o pai de Bert foi vítima de um acidente de carro que quase o matou. Embora ele tenha sobrevivido, os ferimentos do acidente arruinaram o uso de seu braço direito, o que efetivamente destruiu sua carreira e o levou a uma depressão profunda, com voláteis mudanças de humor.

A mãe de Bert, determinada a não deixar o acidente afetar a família, trabalhou duro para garantir que as crianças sempre buscassem a positividade na vida. Todas as noites no jantar, se as coisas estivessem muito ruins, ela usava um truque simples para mudar o humor. Ela olhava ao redor da mesa e dizia, "Digam algo de bom que aconteceu hoje", e as crianças, cada uma delas, compartilhavam suas experiências. Bert observou como a energia ao redor da mesa mudava instantaneamente. Todos acabavam rindo juntos. Esse pequeno ato de infundir otimismo foi uma lição que bem lhe serviria nos anos seguintes.

Quando os rapazes se formaram na faculdade, eles queriam viajar, por isso, aceitaram trabalhos diferentes. Um dos irmãos foi lecionar na Califórnia, e outro foi para o Colorado para se tornar um instrutor de esqui. Em uma de suas viagens de visita uns aos outros, eles decidiram abrir um negócio juntos. Eles vasculharam seu conjunto de habilidades em busca de uma ideia. Um era bom com design gráfico e outro era bom com palavras, então, como resultado, começaram uma empresa de camisetas.

Eles voltaram para Massachusetts, compraram uma van de um dos outros irmãos, que tinha um emprego na indústria de carros usados, e foram trabalhar. Gastaram toda a sua poupança, que, na época, era de cerca de 160 dólares, e compraram seu primeiro conjunto de camisetas. Durante os cinco anos seguintes, eles viajaram para cima e para baixo na costa leste dos EUA vendendo camisetas em festivais e universidades, correndo atrás de cada centavo que pudessem. Mas eles nunca ganharam muito dinheiro. Na verdade, eles estavam trabalhando em tempo parcial como professores do ensino fundamental e médio para pagar as contas, e às vezes dormiam nos alojamentos das universidades para evitar gastar dinheiro em hotéis.

Apesar de não terem muito dinheiro, eles sempre tiveram uma boa perspectiva sobre a vida e muitas conversas relevantes e profundas. No retorno de um festival aonde haviam ido para vender camisetas, eles começaram a falar sobre como os noticiários eram pessimistas, dizendo constantemente às pessoas o que estava errado com o mundo e se aproveitando dos medos delas. Bert e seu irmão começaram a lembrar de como sua mãe costumava sempre perguntar sobre as coisas boas de suas vidas. Eles começaram a pensar que talvez eles devessem fazer algo com seus negócios para acrescentar mais otimismo à vida.

Quando voltaram ao seu apartamento em Boston, eles convidaram todos os seus amigos para pensar em novas ideias. Esta era sua tradição: eles arranjavam um barril de cerveja, começavam a beber e todos contribuíam, desenhando ideias nas paredes do apartamento. Eles contaram a todos sua ideia sobre acrescentar otimismo à vida e pediram que partissem daquilo. Naquela noite, grandes personagens e frases brotaram nas paredes, mas algo se destacou: um rosto sorridente com uma boina e óculos de sol. Junto à imagem estavam as palavras: "Esse cara já sacou tudo."

Os irmãos adoraram a aparência daquele personagem e, depois da festa, trabalharam em um esboço e chegaram a uma simples frase: "*Life is good* [A vida é boa]." Decidiram, então, pegar o último dinheiro que tinham (78 dólares) e fizeram 48 camisetas. Depois disso, eles foram para o centro de Boston e venderam todas as 48 unidades em 45 minutos. Com isso, ganharam mais dinheiro em 45 minutos do que normalmente ganhariam em uma semana.

Naquele momento, eles sabiam que não só tinham uma grande ideia para uma camiseta, mas que também estavam no começo de algo muito maior do que um slogan e um desenho. Eles tinham uma história — uma história que capturou o espírito de otimismo que sua mãe tinha implantado neles quando eram crianças. Era um ideal que representava uma visão otimista sobre tudo que há de bom no mundo. Eles deixaram de ser dois caras vivendo em uma van por cinco anos, sem ganhar dinheiro, para terem suas vidas mudadas da noite para o dia porque capturaram sua ideia em um slogan e uma figura de óculos escuros em uma camiseta.

A magia de sua história é que eles pegaram o otimismo com que cresceram e transformaram isso em um slogan e em uma empresa que representava tudo de positivo em que eles acreditavam. A história deles mudou literalmente tudo naquele dia. Bert e seu irmão transformaram essa história e essa visão no que é hoje uma empresa de cem milhões de dólares, disponível em 450 redes varejistas no total de cinquenta estados e trinta países. Agora, aonde quer que você vá, você pode encontrar "*Life is good*" e esse espírito sorridente em tudo o que eles criam.

CAPÍTULO DOIS

O QUE É UMA HISTÓRIA?

DE ACORDO COM O DICIONÁRIO WEBSTER, HISTÓRIA É "um relato de incidências ou eventos. É uma declaração a respeito dos fatos pertinentes a uma situação em questão" [tradução livre]. Embora seja verdade, história é muito mais do que isso. Se você estudar os elementos de uma história, você pode se perder rapidamente nos detalhes do que constitui uma. No entanto, como empreendedor, você não precisa conhecer as complexas definições e a pletora de terminologia. Como empreendedor, tudo o que você precisa saber é que a vasta maioria dos grandes empreendedores contadores de histórias são bem-sucedidos porque podem relacionar seu negócio ou visão a algo que tem um forte significado em sua vida. Nesse contexto, reside o segredo para a história empreendedora.

HISTÓRIA É UMA EXPERIÊNCIA

Quando comecei a carreira de capturar as histórias de empreendedores de sucesso, eu era um novato no ofício. Minha experiência em engenharia,

MBA e startups não exatamente me prepararam para filmar fundadores e criar narrativas para vídeo ou televisão, e eu tive que confiar no puro instinto. Por sorte, fui capaz de aproveitar as habilidades de outros produtores, operadores de câmera e editores de vídeo com quem trabalhei, que eram bons escritores e contadores de histórias.

À medida que fui produzindo mais vídeos com fundadores, tornei-me melhor em captar e contar suas histórias de forma concisa e de maneira convincente. Continuei filmando fundadores muito conhecidos de empresas em rápido crescimento e de grandes corporações, e logo organizações empresariais e corporações começaram a me pedir para falar sobre storytelling empreendedor em suas reuniões e eventos. Simultaneamente, empreendedores me perguntavam se eu poderia ajudá-los com sua história. Como eu iria começar a passar esses ensinamentos a outros, imaginei que fosse hora de me aprofundar e aprender mais sobre histórias e storytelling.

Assim, mergulhei na História da história e descobri como os gregos e os romanos inventaram estruturas de dois, três e quatro partes para peças de teatro. Depois ouvi falar de um famoso dramaturgo alemão chamado Gustav Freytag, que desenvolveu o arco dramático que logo se tornou febre nos anos 1800. Comecei a ler livros sobre o tema da formulação de histórias, conversei com escritores e pesquisei o trabalho de Robert McKee e Joseph Campbell, conhecidos especialistas em filme e estrutura narrativa. Eu aprendi termos como *denouement* e *apotheosis*, estruturas que precisavam ser seguidas e categorizações de personagens que precisavam ser desenvolvidas.

Embora esse mergulho profundo fosse fascinante, ele me confundia e me frustrava. Eu não estava tentando escrever um livro ganhador do Prêmio Pulitzer ou fazer um filme com grande sucesso de bilheteria. Eu simplesmente queria criar e compartilhar histórias inspiradoras sobre empreendedores. Por que eu precisaria de personagens para tentar explicar a alguém o motivo pelo qual eu tive uma ideia para um grande produto? Por que precisaria haver um herói que passou por uma jornada de 13 estágios para encontrar a si mesmo se eu estivesse simplesmente tentando resolver um problema irritante? E por que eu tinha que saber como usar um *denouement* se eu sequer conseguia pronunciá-lo, mesmo sabendo o que significa? (A propósito, *denouement* significa o clímax de uma cadeia de eventos, geralmente quando algo é decidido ou deixado claro, e se pronuncia "dê-nu-MÃ".)

Do meu ponto de vista, as complexas estruturas inerentes ao storytelling de grandes livros, filmes e manuscritos não foram feitas tendo em mente um empreendedor. Essas estruturas foram tipicamente criadas para pessoas nos setores de entretenimento ou produção literária, cujo trabalho é criar filmes, peças de teatro e livros que precisam segurar a atenção do público por um longo período. Ou foram feitas para departamentos de marketing e agências de publicidade com recursos maciços que querem criar campanhas de divulgação abrangentes.

A maioria das pessoas, especialmente os empreendedores, não se preocupam com o clímax ou o herói e a figura sombria porque não falamos sobre isso, nem entendemos o que esses termos significam ou como eles se relacionam com nossos negócios (nem nos importamos, para dizer a verdade). A história de um empreendedor é curta e direta ao ponto. Não é uma obra prima, nem uma trilogia *Star Wars*, nem uma campanha publicitária que demora seis meses para ser elaborada e que é exibida por várias semanas na Madison Avenue.

Empreendedores falam sobre a inspiração para o negócio ou a epifania que tiveram no meio da noite. Grandes empreendedores falam sobre como eles tiveram uma ideia que levou ao maior negócio de café do mundo ou ao catalisador que lhes permitiu criar um negócio de camisetas de cem milhões de dólares. Eles falam sobre suas dificuldades e seus triunfos, e eles fazem isso de maneira natural.

Perguntei a vários empreendedores de sucesso que eu havia filmado como eles inventaram sua história de fundação e como ela evoluiu ao longo do tempo. Eu até perguntei se eles tinham estudado a estrutura de contação de histórias ou se sabiam o que qualquer um dos termos supracitados significava. Quase ninguém tinha estudado esse assunto ou retornado para aprender sobre o tópico. Eles entenderam como a coisa funciona por conta própria. Então eu decidi começar do zero e aprender a contar histórias empreendedoras a partir de quem sabia melhor do que ninguém — os próprios empreendedores.

Revi os vídeos que eu tinha produzido com grandes nomes do empreendedorismo e revisei inúmeras transcrições de nossas entrevistas. Pensei sobre as mais memoráveis palestras que eu tinha assistido na pós-graduação, discursos que vi em conferências e nas numerosas vezes que eu tinha passado vários dias com empresários filmando suas histórias. Refleti sobre os tempos em que eu pude estar em uma sala com fundadores durante um jantar ou em ocasiões que tomei um drink e tive discussões particulares e conversas prolongadas com esses homens e mulheres de destaque. Eu vasculhei autobiografias que coletei sobre os fundadores que eu mais admirava e li centenas de artigos além dos que já eu tinha estudado. Lembrei da forma como esses empreendedores contavam o início de suas empresas, o que os levou à sua ideia ou ao momento "eureka" que mudou tudo. Eu adorava suas histórias, mas não conseguia adivinhar exatamente o que eles estavam fazendo ou dizendo, do ponto de vista estrutural, que os tornava tão convincentes, simples e naturais... mas logo ficou claro.

Eles não estavam usando uma fórmula complicada; *todos eles estavam compartilhando experiências.*

Eu fiquei impressionado. *Como poderia ser tão simples assim?* Mas era. Não importava a indústria — se era um produto ou serviço — e não importava sua idade ou sua origem; havia um denominador comum entre cada empreendedor: cada um deles estava compartilhando uma experiência que eles tiveram.

Eles simplesmente criam sua história em torno de uma experiência que tenha a ver com sua empresa e se tornam cada vez melhores em contá-la, através de tentativas e erros. Até um certo ponto, compartilhar uma experiência era algo que eu vinha fazendo minha vida inteira. Muitas vezes começo histórias com meus amigos e colegas com "Você se lembra daquela vez...". Eu não penso na minha história em termos de um processo de 12 etapas ou uso termos que eles não entendem. Eu simplesmente me lembro de uma experiência que tem relevância para a conversa e compartilho essa experiência de tal forma que ela os envolva emocionalmente. Essa é a pedra angular do storytelling empreendedor.

A verdadeira beleza dessa descoberta é a elegância de sua simplicidade:

HISTÓRIA = EXPERIÊNCIA + SIGNIFICADO DE NEGÓCIO

Cada um de vocês lendo este livro tem uma experiência significativa que se relaciona com seu negócio. Como um empreendedor, algo o inspirou a agir, fazer um produto ou criar um serviço e fundar uma empresa. Há uma razão para você se tornar um proprietário de empresa e, inevitavelmente, há uma experiência que o coloca no caminho de ser um fundador. Essa experiência pode ser um problema que você encontrou e que precisava resolver. Pode ser um grande fracasso ou revés em sua vida sobre o qual você queria fazer algo a respeito. Pode ser uma epifania que você teve no chuveiro ou uma revelação que surgiu em sua mente enquanto estava dando uma caminhada. Se essa experiência teve um impacto sobre você, então há uma alta probabilidade de que a mesma experiência tenha um impacto em outra pessoa.

Essa é a beleza do storytelling para empreendedores. Trata-se de simplesmente determinar o que foi essa experiência e compartilhá-la da maneira correta. O caso a seguir é a história de Howard Schultz — meu empreendedor contador de histórias favorito dentre os que eu já filmei. Deixe-me compartilhar como sua capacidade de transmitir sua experiência mudou o mundo inteiro.

HISTÓRIA DO FUNDADOR: HOWARD SCHULTZ

Nascido no Brooklyn, Nova York, Howard Schultz cresceu em uma família de cinco pessoas em uma pequena unidade de dois quartos, em um projeto habitacional com 150 famílias, em um edifício com um elevador. Ele nunca sonhou em trabalhar com empreendimentos; seu único sonho era sair daquele projeto habitacional. Sua família era pobre demais para mandá-lo para a faculdade, mas, felizmente, ele era bom nos esportes e lhe foi oferecida uma bolsa de estudos por seu desempenho no futebol americano em uma pequena universidade em Michigan. Aquela foi a porta de saída para escapar de Nova York.

Infelizmente, quando Howard chegou à universidade, a competição em campo era dura. Embora ele fosse um atleta nato em desenvolvimento, o futebol americano universitário era um jogo totalmente diferente e ele acabou não jogando no time, o que o fez perder sua bolsa de estudos. Para permanecer na instituição, ele contraiu empréstimos e arranjou trabalhos de meio período e de verão. Ele até mesmo vendeu seu sangue algumas vezes para conseguir pagar as contas. Howard trabalhou o suficiente para se autofinanciar na universidade, mantendo uma média considerada boa, e tornou-se o primeiro graduado de sua família. Depois, ele trabalhou em uma pousada em uma região de esqui e passou horas pensando no que fazer com sua vida, mas nunca teve muita inspiração ou uma vocação. Decidiu, então, entrar em um programa de treinamento de vendas na Xerox. Acontece que ele era um vendedor nato e se tornou um dos melhores vendedores da empresa. Após um tempo, ele queria algo novo e foi trabalhar em uma empresa sueca chamada Hammarplast, que vendia máquinas de café, dentre muitos produtos. Howard subiu na empresa e se tornou vice-presidente e gerente geral, liderando uma equipe de vendedores. Um de seus compradores principais era uma pequena empresa de Seattle que chamou a atenção de Howard porque estava comprando muitas máquinas de café e filtros cônicos de plástico. Como qualquer bom vendedor faria, Howard decidiu visitar um de seus principais clientes.

Quando ele visitou os donos daquela empresa de grãos de café, ele ficou encantado com o que eles estavam fazendo. Ele ficou impressionado com o conhecimento da empresa sobre café e suas opiniões sobre a escolha e torrefação dos grãos. Tudo naquela operação mexeu com Howard e, quando saiu de Seattle, ele disse: "Deus, que grande empresa; que grande cidade. Eu adoraria fazer parte disso." Um ano depois, ele deixou seu emprego e foi trabalhar para eles.

Enquanto esteve lá, ele teve a oportunidade de viajar para a Itália, para assistir a uma exposição internacional de artigos para o lar em

Milão. Um dia, ele estava andando pelas ruas, desfrutando do sol em um dia quente de outono, quando notou algo. Havia estabelecimentos de café expresso espalhados pelos bairros e ruas. Howard se deparou com a cultura do café que há na Itália. Ele viu em primeira mão as cafeterias italianas. Havia lugares para todos da comunidade se sentarem e beberem expresso, cappuccino e uma miríade de bebidas à base de café. Era algo que ele nunca havia visto em sua vida — uma estética surpreendente, romântica e bela que os italianos vivenciavam todos os dias. É importante frisar que isso foi em 1983, e esse tipo de estilo de vida nunca tinha sido visto nos Estados Unidos antes. Howard foi imediatamente atraído para o romantismo da experiência do café na Itália; tudo o que ele conseguia pensar era: "Eu preciso levar isso para os Estados Unidos." Howard observou que a magia dessas cafeterias estava no local de encontro comunitário que elas criaram — ele o cunhou como "terceiro lugar". Todos nós conhecemos o primeiro lugar — a casa — e o segundo lugar — o trabalho —, mas o terceiro lugar era algo novo — um lugar que ele precisava criar na América.

Após sua viagem, Howard voltou para a empresa de café em grãos em que ele estava trabalhando e contou aos proprietários sobre sua experiência e como ele queria trazê-la para o Estados Unidos. Na época, a empresa era uma varejista de grãos de café, não um restaurante ou uma cafeteria. Eles pensaram que ele estava louco, mas ele finalmente os convenceu a deixá-lo abrir uma cafeteria onde ele venderia café fresco. Essa cafeteria foi um teste e se saiu bem, mas os donos da empresa de café não queriam seguir nessa direção. Howard reconheceu que ele não ia ser capaz de convencê-los a abrir mais cafeterias, então, ele decidiu agir por conta própria. Ele abriu uma pequena cafeteria chamada Il Giornale que oferecia café e bebidas feitas com café, preparadas a partir do grão comercializado pela empresa. Howard adorava o nome da empresa original de grãos de café, então ele continuou a comprar seus grãos para ver se um dia eles venderiam o nome para ele. Um dos donos da empresa de grãos de café apoiou Howard totalmente e dois anos mais tarde lhe vendeu os direitos de nome da empresa. O nome dessa empresa? Starbucks. Howard mudou o nome de sua empresa de

Il Giornale para Starbucks e continuou a construir a marca até chegar no que todos nós conhecemos e amamos hoje.

Para Howard Schultz, a gênese de sua empresa não se resumia a café ou grãos. A verdadeira sacada foi criar uma experiência para que as pessoas pudessem emular aquele terceiro lugar da Itália. Ele queria construir um local onde as pessoas poderiam sentir a alegria e o romantismo que ele havia sentido.

Quando Howard começou sua jornada com a Starbucks, ele usou a história da experiência do terceiro lugar para tudo. Ele a usou para convencer seus parceiros a deixá-lo abrir a Il Giornale. Ele a usou em sua loja, contando aos clientes as histórias por trás de suas bebidas de café — de onde vieram na Itália e por que foram nomeadas da forma que foram. Ele a usou para recrutar funcionários para trabalharem para sua pequena e velha cafeteria que, conforme ele afirmava, iria se tornar um fenômeno nacional, "embora [ele] só tivesse uma loja naquele momento". Quando ele decidiu seguir por conta própria, ele a usou para reunir parceiros e obter financiamento. A história do terceiro lugar tinha uma visão tão poderosa e uma ideia tão convincente e magnética que a Starbucks é agora a empresa de café de maior sucesso no mundo, gerando mais de 16 bilhões de dólares por ano. São 21 mil lojas em 65 países, e é uma das marcas mais reconhecíveis do mundo, ao lado da Apple, da Coca-Cola e do McDonald's.

A Starbucks está onde está hoje porque Howard teve a capacidade de compartilhar a experiência que teve na Itália de uma forma que animava as pessoas. Até hoje, o motivo pelo qual temos cafeterias em todos os cantos da América e ao redor do mundo é a visita de Howard à Itália e a experiência do terceiro lugar. Quase sozinho, ele criou uma visão de sua história que se tornou a base para a cultura do café nos Estados Unidos.

Quando estávamos filmando Howard para o *American Made*, um programa de TV que produzi para a CNBC, a apresentadora, Ingrid Vanderveldt, perguntou-lhe o que todos nós queríamos saber: "Por que café?" Àquela altura, todos nós já estávamos cheios de cafeína porque na sede da Starbucks há cafeterias em todos os andares, e minha equipe tinha aproveitado ao máximo os expressos e *lattes* gratuitos enquanto estávamos filmando. À pergunta dela, Howard respondeu: "Sou apaixonado por café e a experiência do café no sentido de comunidade, o romantismo do café. Poderia ter sido outra coisa, mas só se eu tivesse encontrado algo que realmente falasse comigo." O café sempre esteve no centro no sucesso da Starbucks, mas não é o elemento distintivo da sua marca ou história. A singularidade de sua ideia era a criação de um lugar onde as pessoas pudessem experimentar o amor e a paixão pelo café da forma que Howard vivenciou enquanto estava na Itália. Nunca se tratou apenas do produto ou serviço; o que importava para Howard era criar essa experiência, onde as pessoas pudessem viver a mesma coisa que ele viveu na Europa — o terceiro lugar. O poder da visão de Howard para a marca Starbucks começou na história que ele compartilhou sobre essa experiência específica na Itália e sua capacidade de comunicar o que ele sentia naquele momento. Embora a Starbucks e Howard se orgulhem de seu produto e serviços, em última instância, o *ethos* de sua marca vem desse lugar comunal recriado a partir da experiência na Itália.

Esse conceito é o núcleo do que se deve fazer ao criar sua história empreendedora. Você deve compartilhar uma experiência que faça seu público sentir o mesmo que você, ou, no mínimo, entender a gravidade de como essa experiência impactou você ou alguém que você conheça. Se puder fazer isso, avançará muitas casas até o objetivo de induzir seu público a agir da maneira que você quer.

CAPÍTULO TRÊS

A HISTÓRIA DO EMPREENDEDOR

A REVELAÇÃO QUE TIVE AO ENTENDER QUE a história de um empreendedor é simplesmente uma experiência foi um ponto de virada para mim. Isso significava que agora eu poderia ajudar qualquer pessoa a criar uma história de fundação, independentemente de sua história profissional, formação acadêmica ou habilidade oratória. Tudo o que eu precisava fazer era fornecer uma estrutura simples e elegante para acompanhar a experiência significativa.

Foi aí que veio a calhar todo o tempo gasto pesquisando inúmeras estruturas de histórias acadêmicas e profissionais, mergulhando profundamente na arte e na ciência da narrativa e conversando com centenas de empreendedores.

Embora as estruturas e processos sobre os quais eu tinha lido não se aplicassem prontamente ao mundo do empreendedorismo, havia ideias valiosas e elementos importantes que eu poderia aproveitar para construir uma nova estrutura desenvolvida especificamente para empreendedores.

Inspirando-me no teatro grego e romano, no arco narrativo em cinco partes de Gustav e na estrutura do herói de 13 etapas de Joseph

Campbell, desenvolvi um sistema que permite que você crie facilmente sua própria história sem precisar entender uma terminologia confusa ou usar processos com muitos passos.

Usando o modelo de Aristóteles, que dizia que uma história simplesmente tem um começo, um meio e um fim, e o modelo de Freytag, que segue esses três estágios, mas divide o início e o meio em dois subconjuntos para criar uma estrutura com cinco elementos, criei uma estrutura fácil de seguir para empreendedores — e vou ensiná-la a você.

A melhor parte é que você pode usar essa estrutura como base para quase todas as histórias que vai contar ao longo de sua vida empresarial. É chamada de estrutura de Storytelling para Empreendedores ou, mais afetuosamente, SoFE (*Storytelling for Entrepreneurs*).

A ESTRUTURA SOFE

Simples de usar, fácil de lembrar e rápida de implementar. A estrutura SoFE funciona em qualquer setor, em todo tipo de negócio e em todas as fases, seja simplesmente uma ideia de um produto ou uma proposta de financiamento completa. Qualquer pessoa pode usar a estrutura para criar uma história. Você não precisa ter uma habilidade ou experiência específica para usar a estrutura SoFE.

SoFE consiste em três partes e cinco componentes. As três partes consistem em um começo, um meio e um fim. Dentro dessas três partes, há cinco componentes. Dois no início: a preparação e o incidente; dois no meio: o desafio e a mudança; e um no final: o resultado.

O INÍCIO

As pessoas costumam me perguntar qual é a parte mais importante da história. Embora eu tenha ouvido muitos argumentos para todos os aspectos, eu diria que o início é o mais importante. O objetivo principal do início é chamar a atenção do público. Se você não chamar a atenção deles, nada mais importa. Ou a atenção será perdida completamente ou haverá uma batalha difícil para que você consiga ganhá-la enquanto a história é contada.

O início consiste em duas partes: a preparação e o incidente. A preparação é o pano de fundo para a história, e o incidente coloca a narrativa em movimento.

A Preparação

A preparação dá ao público contexto para a história e cria um quadro de referência para o que está sendo compartilhado. Como o nome indica, aqui a história é verdadeiramente preparada. A base é construída para preparar o público para o que está prestes a acontecer e dar a eles uma ideia de como a história vai continuar.

Vejamos um exemplo e voltemos à história de Howard Shultz. Qual foi a preparação dele?

A história de Howard Schultz e a Starbucks começa com ele trabalhando em uma empresa que fabricava cafeteiras e descobrindo que estavam vendendo uma quantidade obscena de máquinas de café para uma empresa de grãos de café em Seattle. Ele ficou impressionado com o conhecimento deles sobre café, largou o emprego, mudou-se para Seattle e foi trabalhar para eles. A preparação é supersimples, mas dá ao público uma base suficiente para que eles saibam o que está acontecendo contextualmente.

O Incidente

O incidente é o catalisador que coloca a história em movimento. Pode ser um evento, uma ocorrência, um grande problema, uma situação ou um cenário que fornece a fagulha que acende o fogo que começa a história. O incidente começa a estabelecer uma conexão com o público. Quanto melhor o incidente, mais ele atrai as pessoas para a história. Quando você chegar rapidamente a esse ponto de intriga, seu público vai querer mais.

Vejamos o incidente na história de Howard Schultz.

Enquanto trabalhava para a empresa de grãos de café de Seattle, Howard foi visitar a Itália para aprender mais sobre a cultura do café. Ele se apaixonou pelo ponto de encontro comunitário das cafeterias italianas, nomeou-o de terceiro lugar e estava determinado a levar isso para os Estados Unidos. Quando ele faz referência a esse terceiro lugar em trabalhos escritos, nos vídeos e, em especial, pessoalmente, seu caso de amor com a ideia é evidente e o público se envolve nisso. A descoberta do terceiro lugar dá o tom para sua história e leva os ouvintes a pensarem sobre o que ele vai fazer com essa visão.

Ou podemos dar outro exemplo.

Para Bert Jacobs, da Life Is Good, o incidente foi a viagem que ele e seu irmão estavam fazendo quando decidiram inventar uma camiseta que ajudasse a espalhar a mensagem otimista que sua mãe havia transmitido a eles quando eram crianças. Para Blake Mycoskie, o fundador da TOMS, o incidente foi um problema. Ele havia testemunhado várias famílias sem sapatos e ouviu a história de uma mãe que tinha que decidir qual filho ela mandaria para a escola. Esse incidente foi para Blake um momento-chave que desencadeou decisões que afetariam o resto de sua vida.

O MEIO

Uma vez que a atenção do público é capturada, o objetivo é mantê-lo intrigado e envolvê-lo mais ainda. Esse é o meio da história. Aqui, o objetivo é estabelecer uma conexão. Como sua audiência já foi sugada para dentro da história, a questão agora é puxá-la mais ainda, como um gigante aspirador industrial.

Para fazer isso, existem dois componentes: o desafio e a mudança.

O Desafio

O desafio se baseia na conexão que começou no incidente. Essa conexão deve ser solidificada com empatia ou compreensão. Quando os desafios são compartilhados, as pessoas entendem por que todos sofreram em uma determinada situação. Todos nós já enfrentamos tempos difíceis e, por causa disso, é fácil se relacionar. O desafio é um obstáculo que você enfrentou e que ajuda a construir uma ponte com o público. Para criar uma conexão, a história precisa ser importante para as pessoas na audiência ou pessoas próximas a elas. Quando o público consegue ver aquela situação como algo que afeta sua própria vida ou as vidas ao seu redor, ele se importa com o que está sendo dito.

Voltando ao nosso exemplo de Howard Schultz, vamos revisar o que foi desafio dessa história.

Disseram a Howard Schultz que ele estava louco. Naquela época, o café era uma necessidade simples que a maioria dos norte-americanos fazia em casa ou comprava no caminho para o trabalho. Ninguém se importaria com uma cafeteria comunitária com baristas gritando o nome de bebidas como "venti nonfat mocha latte". Mesmo assim, ele persistiu com sua ideia e convenceu os proprietários da empresa de grãos de café a deixá-lo abrir o Il Giornale, a primeira cafeteria de varejo que se tornou a manifestação física da marca Starbucks que amamos hoje.

A Mudança

Uma vez que o público se identifica, é hora de apresentar a mudança. A mudança é o quarto componente e o ponto de virada da história. É uma parte profunda ou culminante da experiência que impacta tudo no futuro. Quer seja uma solução para um problema, uma resolução para um conflito ou uma epifania, a mudança é uma parte essencial da experiência que é reconhecível e memorável. Enquanto o desafio atrai o público para a experiência relatada na história, a mudança solidifica a conexão com o público.

A mudança na história de Howard Schultz é sua decisão de seguir em frente sozinho depois de abrir a primeira cafeteria. Para os irmãos Jacobs e a Life Is Good, a mudança é o momento na história em que eles esgotam suas camisas recém-criadas em 45 minutos.

O FIM

Uma vez que o público está intrigado e uma conexão é estabelecida, é necessário engatilhar uma reação. Essa reação ocorre durante o final, no componente denominado resultado.

O Resultado

O resultado é a conclusão ou resolução da história que deixa uma impressão duradoura. É a culminação de tudo o que ocorreu no início e no meio. Pode ser uma decisão que foi tomada ou uma ação que foi executada. O objetivo do resultado é deixar o público com algum tipo de sentimento. Aqui, o objetivo não é vender algo para o público, mas deixá-lo com a sensação de ter uma necessidade — um sentimento de "preciso ter isso" ou "preciso fazer isso".

Com isso, vamos revisar o final, ou resultado, da história de Schultz.

Quando Howard Schultz conta a história de sua viagem à Itália e o que aconteceu depois, ele não diz para você comprar o café dele ou entrar em suas lojas. Ele conta como recriou a experiência romântica que descobriu na Itália nas lojas da Starbucks. Ele conta como selecionou o melhor café do mundo e como usou as melhores técnicas para fazer esse café. A intenção é fazer com que os clientes, toda vez que entrarem em uma Starbucks, experimentem a ideia do terceiro lugar exatamente como ele viveu.

Quando ele termina sua história — mesmo que você não saiba sobre a Starbucks ou não tenha tido a experiência — para a maioria de nós, seu "fim" cria aquele sentimento que inspira a curiosidade de pelo menos "experimentar" o que ele criou.

O OBJETIVO DA HISTÓRIA

Grandes empreendedores contadores de histórias raramente passam muito tempo tentando convencer seu público a realizar a ação que eles desejam ao compartilhar sua história. Semelhante ao modo como os melhores vendedores raramente precisam pedir que o cliente compre algo, ou como os principais fundadores de startups raramente precisam persuadir os investidores a colocar dinheiro em seus negócios, os grandes empreendedores contadores de histórias fazem a coisa acontecer sem tornar seu "pedido" óbvio. Eles se concentram tanto em sua história que, depois de ouvir a história deles, você realiza a ação que eles desejam, sem que eles precisem pedir.

Pense se já esteve em algum dos seguintes cenários: você vai a uma conferência ou evento em que um fundador conta sua história e, antes que possa perceber, está com seu smartphone na mão para comprar um livro ou produto (sendo que a história não está nem na metade); ou, depois de conhecer alguém que compartilha uma história interessante, você propaga a história indefinidamente para outras pessoas, sem que ninguém tenha lhe pedido para fazê-lo; ou, ao descobrir uma nova empresa, você manda e-mails para amigos e familiares porque deseja que eles experimentem aquele produto imediatamente. Se a resposta for sim, você já é capaz de entender que o objetivo da história é exatamente este: deixar o público com um sentimento que os motive a agir.

Gosto de comparar as necessidades de um negócio e o objetivo de uma história a uma ratoeira. A necessidade da empresa é "você quer que o rato desapareça". O queijo é o objetivo da história. Você sai e compra uma ratoeira e queijo como isca. Você não compra o queijo porque quer que o rato o coma. O queijo está lá para atrair o rato. Você não diz ao rato para comer o queijo. O queijo atrai o rato e, então, ele o come por conta própria. Se o seu queijo for bom, o rato irá atrás dele.

Se a armadilha (a proposta, produto ou serviço) for boa, uma vez que o rato vá atrás do queijo, ele será pego. O objetivo da história é fazer com que o rato deseje o queijo de tal forma que vá atrás da isca.

HISTÓRIA DO FUNDADOR: CLAYTON CHRISTOPHER

Enquanto crescia, Clayton Christopher esteve cercado por empreendedores. Ele sempre soube que um dia abriria seu próprio negócio, mas também sabia que precisava de experiência, então foi trabalhar com sua família na área de suprimentos de insumos médicos no Texas. Ele fez de tudo, desde varrer chão, transmitir recados e expandir um novo território de vendas do zero para 800 mil dólares em dois anos. Embora tivesse obtido sucesso e tivesse adquirido conhecimento após um período nos negócios da família, ele sabia que uma vida em vendas de insumos médicos não era o que ele queria. Ele queria viajar mais e tentar algo novo. Por alguns anos, ele viveu humildemente competindo como ciclista amador no U.S. Pro Tour, mas decidiu que deveria haver uma maneira mais fácil de ganhar a vida. Um dia, ele fez uma liquidação de garagem e vendeu tudo o que possuía, exceto seus chinelos, camisetas e shorts. Ele mudou-se para um veleiro em Florida Keys e iniciou uma operação de fretamento de barcos.

Na Flórida, Clayton teve uma vida incrível como capitão, velejando e entretendo as pessoas na costa sul, mas mal conseguia equilibrar as contas. Durante seu tempo livre, ele frequentemente fazia viagens de carro pelo Alabama e Mississippi. Nessas viagens, cada restaurante de família que visitava servia um incrível chá gelado caseiro que tinha um gosto quase tão bom quanto o chá que sua avó Mimi costumava fazer para ele. Ele adorava o chá, mas nunca conseguia encontrar nada parecido engarrafado nas lojas. Nessa época, Clayton ouviu falar de um cara chamado Ronnie Carlton, do Mississippi, que dirigia uma empresa chamada Milo's Tea. O pai de Ronnie, Milo, elaborou uma receita de chá que era mais vendida do que leite na região. Clayton se encontrou com Ronnie e aprendeu mais sobre os negócios. Com esse conhecimento e seu amor por aquele tipo de chá, que só conseguia encontrar em restaurantes que pertenciam a famílias locais e na cozinha de sua avó, Clayton voltou para o Texas para começar seu próprio negócio.

Quando Clayton voltou ao Texas, ele juntou dez mil dólares e a receita de sua avó para um chá gelado caseiro doce, e começou a trabalhar para descobrir como engarrafá-lo e vendê-lo. Ele passou horas na cozinha refinando a receita. Assim que ele obtivesse uma receita com gosto igual ao da avó, sua próxima tarefa seria transformar um galão de chá em cem galões. Com um orçamento apertado, ele iniciou a preparação, o engarrafamento e a distribuição do chá. Ele preparou o chá em panelões, um lote de cada vez, filtrou-o com fronhas e meias-calças e usou duas mangueiras de jardim da Home Depot para encher as garrafas. Usando uma furadeira Black & Decker, ele tampou cada garrafa. Ele comprou uma van velha com quase quinhentos mil quilômetros rodados e, com a ajuda de um amigo de infância chamado David Smith, começou a fazer entregas.

Sem experiência no setor de produtos embalados, Clayton descobriu rapidamente os desafios que surgiam com a venda de chá engarrafado para lojas. Por exemplo, ele não sabia que havia empresas que atuavam como intermediárias, em conexão com varejistas e distribuidoras, para colocar os produtos nas lojas. Tampouco tinha ouvido falar de taxas a serem pagas às lojas para ter direito a espaço premium nas prateleiras ou que as lojas exigiriam dinheiro dele para fazer promoções de seu produto nas lojas. Apesar de uma série de contratempos e nãos, Clayton seguiu em frente, e ele e seu parceiro foram a todos os mercados locais e lojas de conveniência que puderam encontrar e imploraram para que colocassem seu chá à venda. Armado com a convicção de que tinha um produto incrível com um sabor melhor do que qualquer outro no mercado, ele contou a todos que podia a história de um chá feito de folhas reais e açúcar de cana orgânico que era cuidadosamente feito à mão, exatamente como sua avó Mimi costumava fazer.

Ele finalmente encontrou algumas lojas para distribuir seu chá, e o Sweet Leaf Tea foi oficialmente lançado. No entanto, ele se deparou com outro problema.

Sem orçamento de marketing ou publicidade, Clayton teve que alavancar criativamente os bens de que dispunha para fazer com que as pessoas experimentassem e comprassem seu produto. Ele tinha uma ótima história que faria as pessoas se comoverem, e ele teve visão suficiente para usar essa história em todas as oportunidades e até mesmo, eventualmente, colocá-la em cada garrafa. Sempre que alguém escolhesse o chá, leria a história sobre sua avó e os panelões, fronhas e mangueiras de jardim. Ele também sabia que ter ingredientes totalmente naturais daria a ele uma vantagem competitiva sobre os outros no mercado, e, além disso, o produto tinha um sabor incrível. Sempre que podia, Clayton e sua equipe faziam demonstrações do produto em lojas ou o distribuíam em eventos e festivais, porque ele sabia que, assim que as pessoas provassem o chá, ficariam viciadas.

Lentamente, o Sweet Leaf Tea começou a crescer, mas havia um ponto de venda que eles ainda não haviam penetrado — a Whole Foods. Embora a Sweet Leaf Tea fosse sediada em Austin, onde ficava a sede da Whole Foods, Clayton não conseguiu fazer com que o comprador retornasse suas ligações. Depois de alguns anos ligando para a loja, Clayton e seu parceiro de negócios finalmente receberam uma mensagem pelo correio que dizia: "Não estamos interessados em seu produto no momento." Clayton e David se alegraram ao receber a carta, porque finalmente significava que a Whole Foods sabia quem eles eram. A carta os deixou ainda mais determinados e eles continuaram ligando, apesar de o comprador nunca ter atendido suas ligações. Eles até entraram em contato com o centro de distribuição para ver se podiam entrar em contato com uma pessoa daquele departamento. Demorou quatro meses e muita persistência, mas eles finalmente entraram na Whole Foods.

Introduzir o Sweet Leaf Tea na Whole Foods acabou sendo uma das coisas mais importantes que aconteceu à empresa. Em seis meses, eles se tornaram o chá número um na Divisão Sudoeste da Whole Foods e, eventualmente, tornaram-se uma marca nacional que pode ser encontrada em todos os cinquenta estados norte-americanos, em mais de dez mil lojas de varejo. Quando a Sweet Leaf Tea foi comprada pela Nestlé, era uma das empresas de bebidas de crescimento mais rápido nos Estados Unidos, com vendas acima de oitenta milhões de dólares.

O caminho de Clayton foi repleto de contratempos, desafios e erros, mas essas experiências o ajudaram a superar os tempos difíceis e o ensinaram como usar cada dificuldade como combustível para fazer a empresa crescer e avançar em direção ao sucesso. Além disso, essas experiências serviram de material para histórias no futuro.

O OBJETIVO DA HISTÓRIA NO TRABALHO

Filmei Clayton pelo menos dez vezes nos últimos anos, seja para vídeos para suas empresas, Sweet Leaf Tea e Deep Eddy Vodka, ou para projetos com fundadores de startups de sucesso. Eu também o vi falar em cerca de quarenta eventos em Austin. Cada vez que Clayton fala sobre sua empresa e seus produtos, ele compartilha a história de como o Sweet Leaf Tea foi criado e o que o torna único. Em cada garrafa e em cada encontro, Clayton garante que você conheça a história da receita do chá de sua avó e como a marca foi montada com fronhas, mangueiras de jardim e panelões.

Por meio de sua experiência, Clayton aprendeu que poderia usar sua história a seu favor de várias maneiras, dependendo do público a que se dirigia e do que queria. Quando se tratava de consumidores, não funcionava simplesmente dizer "compre este chá". Em vez disso, Clayton aprendeu como, em suas próprias palavras, "criar um caso de amor com os consumidores". A história de como ele criou esse chá incrível usando a receita de sua avó Mimi foi uma narrativa poderosa, que as pessoas adoraram. Armado com essa história, ele foi a todos os mercados cujos donos fossem famílias. Logo, todos os compradores estavam vendendo Sweet Leaf Tea, e os consumidores estavam dizendo aos amigos para comprá-lo. Clayton havia usado o conto da receita de sua avó como um pedaço de queijo em uma armadilha. Ele o usou para convencer as pessoas de que o chá tinha um gosto tão bom quanto o chá de sua avó, e elas acreditaram.

Quando ele falava com investidores, concentrava-se em explicar como havia muitas marcas de chá engarrafado em todos os estados, mas que havia uma tremenda oportunidade inexplorada para um chá engarrafado com sabor caseiro, e o Sweet Leaf Tea estava em uma posição privilegiada para preenchê-la. Ele tecia uma explanação de como a receita "caseira" da marca foi criada por dois caras fazendo chá por conta própria. Isso ajudou a distinguir o Sweet Leaf Tea de todas as marcas corporativas no mercado e permitiu que os varejistas cobrassem um valor mais alto pelo Sweet Leaf Tea. Ter esse posicionamento e precificação premium geram mais oportunidades de lucro, e os investidores gostam desse tipo de receita.

Ao falar com a imprensa, Clayton sabia que os jornalistas estavam procurando uma história que seus leitores gostassem e, por isso, deu-lhes a história de como o chá era feito em panelões de acordo com a receita de sua avó. Essa história deu aos redatores o tipo exato de material de que precisavam para tornar a jornada do Sweet Leaf Tea de Clayton identificável e divertida para seu público. Além disso, era uma ótima história do mundo dos negócios norte-americanos.

Clayton também reconheceu que parte de seu trabalho como fundador era criar uma história para contar a seus fãs, fornecedores e parceiros. A história de Clayton e David fazendo seu próprio chá estampada na garrafa só agregou à imagem divertida da marca, além dos esforços que já vinham sendo empreendidos por seus idealizadores ao praticar *astroturfing*[7] nas lojas e marcar presença em eventos musicais e festivais, locais onde eles forneciam seu chá enquanto distribuíam camisetas, bandanas, isopores para bebidas e frisbees.

Essa atmosfera e imagem não apenas ajudaram a vender a marca aos consumidores, mas também funcionou bem para o recrutamento de funcionários. Frequentemente, diferentes públicos facilitam diferentes objetivos de história para que você possa obter o que precisa — nesse caso, funcionários. As pessoas queriam fazer parte dessa marca descolada e irreverente e gostaram da ideia de ter que descobrir de forma criativa como atrair um consumidor que também gosta de se divertir.

O que aprecio em Clayton é como ele foi capaz de modificar sua história central de fundação e objetivos de história com base nas necessidades de negócios, bem como no que ele buscava de cada público. Clayton mostra como o poder e a adaptabilidade da história ajudam a atender às necessidades da empresa.

---

7. No marketing, o *astroturfing* é compreendido como uma prática adotada por empreendedores que consiste em transmitir ao público a falsa ideia de que há um forte engajamento social em cima de uma marca ao pagar pessoas para se passarem por admiradores em um determinado evento, sem que o público saiba que os envolvidos foram contratados para alavancar o status daquela marca. [N.E.]

CAPÍTULO QUATRO

OS TIPOS DE HISTÓRIA

ENQUANTO EU ESTAVA DESENVOLVENDO A ESTRUTURA SOFE para ajudar clientes e coaches empreendedores na criação de suas próprias histórias, percebi que certos tipos de histórias de empreendedorismo apareciam repetidamente e me perguntei se havia um padrão. Olhei para uma lista dos milhares de fundadores que eu estava analisando e a reduzi aos duzentos principais. Então, testei minha hipótese da existência de um padrão neste *crème de la crème* dos empreendedores contadores de histórias.

Como ex-engenheiro, sou viciado em colocar coisas em planilhas para que eu possa classificar, fatiar, dividir e analisar como quiser. No que diz respeito ao ofício de contar histórias, tenho coletado uma infinidade de informações sobre os empreendedores que estudo e organizado em linhas e colunas no Excel. Comecei a usar planilhas para categorizar todas as histórias em grupos para procurar padrões.

Ao ver essa categorização, percebi que havia certos termos e frases que apareciam repetidamente em minhas entrevistas. Frequentemente, os empreendedores falavam sobre como começaram sua empresa ou sobre um momento específico que os levou a uma epifania. Alguns falavam sobre uma falha catastrófica ou uma experiência ruim que aconteceu. Outros discutiam como um significado mais profundo levou à criação de sua empresa. O que descobri foi que quase todas as suas histórias se enquadram em seis tipos de histórias de fundação: a história de origem, o momento "eureka", a experiência ruim, a descoberta do porquê, a solução do problema e a *big idea* por trás de tudo.

Esses seis tipos representam experiências comuns que acontecem em qualquer empresa. Essas histórias funcionam em todas as fases da empresa e em todos os setores imagináveis. São tipos comprovados, universais e familiares. O público sabe o que esperar quando ouve esses tipos de história, que são sempre atraentes aos ouvidos, se feitos corretamente. Combinados com a estrutura SoFE, eles podem ser usados como uma referência poderosa para criar sua história.

A HISTÓRIA DE ORIGEM

A história de origem é simplesmente o curso de eventos que levou à criação de sua ideia, proposta ou empresa. Frequentemente, é chamada de história de criação, ou simplesmente história de fundo, porque o nome indica exatamente o que é — como sua ideia, empresa ou produto surgiu. Esse é o tipo de história que pode ser usada por toda a vida da sua empresa e além. Todo mundo quer saber a origem ou história de fundação. Eles querem saber como você teve a ideia de abrir a empresa e as etapas que você passou para chegar lá. Mesmo se não usar isso como sua história principal, você deve ter uma boa história de origem em sua caixa de ferramentas empreendedora porque sempre será questionado sobre como sua empresa começou.

A história de Drew Houston é um ótimo exemplo de história de origem de uma startup que se tornou um grande sucesso. Drew havia se formado há pouco tempo na faculdade e estava morando em Boston, trabalhando febrilmente na startup de sua empresa de software para preparar alunos para exames de admissão online. Ele queria ir a Nova York no fim de semana para visitar amigos e percebeu que poderia otimizar o tempo da viagem se trabalhasse durante o percurso de ônibus de quatro horas em cada sentido.

Ao sentar-se no ônibus de Boston para Nova York, ele abriu sua mochila e percebeu que havia deixado para trás sua unidade USB que continha todos os arquivos de que precisava. Após cinco minutos de total frustração, ele decidiu que descobriria uma maneira de acessar seus arquivos remotamente, 24 horas por dia, 7 dias por semana, independentemente de onde estivesse. Esse ímpeto o levou a começar a escrever o código original para o que hoje é o Dropbox, uma solução online que permite que qualquer pessoa acesse seus arquivos a qualquer hora, desde que esteja conectado à internet.

A história de Drew é simples e direta. Ele pegou um ônibus, não tinha seus arquivos e encontrou uma solução. Não requer muitos detalhes, apenas uma simples recontagem do evento que levou à gênese de sua empresa. Hoje, o Dropbox tem quinhentos milhões de usuários registrados em 180 países e gera mais de um bilhão de dólares em vendas anuais.

A HISTÓRIA DO MOMENTO "EUREKA"

Um segundo tipo muito comum de história que as pessoas amam é o momento "eureka". Essa narrativa se concentra em uma revelação que ocorreu em algum momento da vida de uma pessoa. O momento "eureka" é um insight profundo, descoberta ou epifania que levou à ideia, produto ou serviço ao qual uma empresa se dedica. Um grande aspecto das histórias de momentos "eureka" é que as pessoas geralmente as adoram. Elas inevitavelmente querem saber o que aconteceu a seguir, atraindo ainda mais a atenção.

Jen Groover, a fundadora da Butler Bag, é mãe de gêmeos. Quando as crianças eram pequenas, ela constantemente revirava sua bolsa tentando encontrar seu cartão de crédito, suas chaves ou um brilho labial. Um dia, ela estava no supermercado e não conseguia encontrar as chaves na bolsa. Como sempre tinha que fazer, ela despejou todo o conteúdo na esteira para procurá-las enquanto segurava os gêmeos. A longa fila de pessoas atrás dela estava chateada com ela por atrasá-los, mas ela não teve outra escolha a não ser esvaziar sua bolsa. Ao sair, ela pensou: "Deve haver uma maneira melhor de organizar minha bolsa e controlar minhas chaves." Ela ficou pensando nessa experiência e naquela ideia por meses. Então, um dia, ela estava em sua cozinha descarregando a máquina de lavar louça quando notou os talheres organizados na cesta de utensílios.

Jen imediatamente teve uma ideia. Ela puxou a cesta de utensílios, esvaziou a bolsa e colocou a cesta dentro. Então ela colocou todo o conteúdo de sua bolsa na cesta e organizou tudo. Naquele momento, nasceu o protótipo do que viria a ser a Butler Bag. Jen começou a levar seu "novo design" a todos os lugares aonde ia, contando a história centenas de vezes para qualquer um que parasse para ouvir, enquanto embarcava no processo de fabricação e pedido de patente. A capacidade de Jen de compartilhar sua história de momento "eureka" repetidamente fez o público se apaixonar por ela e seu produto. Ela ganhou mais de um milhão de dólares no primeiro ano de operações e dez milhões de dólares no segundo ano.

A HISTÓRIA DA EXPERIÊNCIA RUIM

A história da experiência ruim geralmente se concentra em um grande fracasso, desastre pessoal ou empresarial ou momento altamente embaraçoso que você ou alguém que você conhece passou. Compartilhar esse tipo de história nem sempre é uma coisa natural de se fazer, porque normalmente requer a descrição de um evento que a maioria das pessoas não se sente confortável em revelar. Mas é nisso que mora o poder desse tipo de história: ser vulnerável e deixar que o público conheça detalhes que muitas vezes são embaraçosos permite que você estabeleça uma conexão mais profunda do que estabeleceria ao contar outros tipos de histórias.

Anos atrás, Carley Roney, seu marido e alguns amigos trabalhavam em uma agência de publicidade e estavam tentando criar um negócio online para tirar proveito do que era então algo promissor — a internet. Enquanto eles estavam sentados em uma lanchonete em Nova York, um dos amigos se virou para Carley e seu marido e disse: "Ei, vocês acabaram de se casar. Por que não fazemos algo na indústria do casamento?" Carley revirou os olhos e disse: "De jeito nenhum."

O processo de planejamento do casamento e o dia da cerimônia foram um desastre total para Carley. Ela tinha sete semanas para planejá-lo em uma cidade que não conhecia bem e estava trabalhando com um orçamento muito limitado. Quando o dia finalmente chegou, Carley e seu marido se casaram em uma cobertura em julho, sem ar-condicionado, no que acabou sendo um dos dias mais quentes de Nova York em dez anos. Toda a experiência de seu casamento foi um pesadelo terrível e ela queria esquecê-la. Carley não queria reviver aquele dia, muito menos abrir um negócio em torno daquilo. Mas um ou dois dias se passaram e ela começou a pensar no que seus amigos disseram. Ela pensou: "Sabe, tive uma experiência horrorosa. Ao mesmo tempo, não quero que outras mulheres passem pelo que eu passei. Foi tão ruim, e deveria ter sido o dia mais memorável da minha vida." No dia seguinte, ela foi até seus amigos e disse: "Quero transformar a história desastrosa do dia do meu casamento e minha experiência de planejamento em uma história para que eu possa ajudar futuras noivas a evitar o mesmo destino."

O desastre do casamento de Roney levou à criação do que agora conhecemos como The Knot, um recurso online para ajudar os noivos a planejarem seu casamento. Carley conseguiu transformar sua experiência ruim na pedra angular de sua marca. Por sua vontade de compartilhar o que passou, as mulheres confiaram nela. O público reconheceu e valorizou sua experiência ruim e entendeu que ela não queria que outros passassem pela mesma coisa. Hoje, The Knot é uma marca internacional de 130 milhões de dólares que opera nos Estados Unidos e na China, além de ter duas outras marcas chamadas The Nest e The Bump.

A HISTÓRIA DA DESCOBERTA DO PORQUÊ

Esse tipo de história se concentra no "porquê", e não no "o que". Diz respeito à força motriz que o impulsiona a dar vida à sua ideia. Simon Sinek, palestrante e autor de best-sellers, popularizou esse conceito em seu livro *Comece pelo porquê*. O "porquê" é frequentemente revelado por meio de uma experiência de mudança de vida e está profundamente inscrito em nós mesmos. Compartilhar o porquê é conquistar o coração do público antes da mente. Quanto mais você se concentra na maneira como o "porquê" o faz sentir — os pensamentos, os sentimentos, as frustrações, as alegrias — mais você será capaz de explorar as emoções do seu público. Ao começar com o "porquê", você estará falando da parte interna mais profunda da sua história, e então poderá relacioná-la ao problema que está tentando resolver ou ao motivo pelo qual deseja trazer um serviço ou produto ao mercado. Nem todos terão aquele momento profundo quando encontrarem sua vocação, mas algumas pessoas passam por isso.

Adam Braun queria ver o mundo. Como neto de sobreviventes do Holocausto e irmão de dois meninos de Moçambique adotados por sua família, ele cresceu com propensão para a exploração. Na faculdade, ele se inscreveu no Semester at Sea e embarcou em um navio por seis meses para conhecer o mundo, começando pelo Mar do Norte. Com 13 dias de viagem, o navio encontrou uma onda violenta de 18 metros que estilhaçou o vidro do gabinete onde o equipamento de navegação estava guardado. O motor perdeu potência e o pânico tomou conta. A novecentos quilômetros de terra firme, no auge do inverno, o navio emitiu um pedido automático de socorro pelos alto-falantes. As pessoas correram escada acima, se perguntando se teriam que pular na água congelante ao redor. Todos pensaram que iam morrer.

Naquele momento, Adam foi forçado a considerar qual seria seu legado se ele morresse. Ele começou a questionar por que ele existia em primeiro lugar e percebeu que ele queria viver uma vida que melhorasse o bem-estar dos outros. Ele decidiu que seu trabalho era descobrir seu propósito na vida. Quando ele voltou para casa depois da viagem (felizmente, eles consertaram o navio e todos ficaram seguros), ele se formou na faculdade e viajou ao redor do mundo antes de conseguir um emprego de tempo integral. Ele viajou para cinquenta países em busca de mais pistas que o ajudassem em sua jornada do "porquê". Em vez de simplesmente tirar fotos ou colecionar bugigangas, ele visitava algumas das áreas mais pobres desses países e passava tempo com as crianças. Adam adorava fazer perguntas a elas e surgiu com uma em particular que gostou de fazer por causa das respostas que recebia em seguida. "Se você pudesse ter qualquer coisa no mundo, o que você gostaria de ter?", ele perguntava. As crianças geralmente queriam coisas como iPads e TVs, ou aprender a dançar ou fazer mágica, mas um dia a resposta de uma criança o surpreendeu. A criança disse: "Quero um lápis para aprender." Adam deu-lhe o lápis e pensou sobre a situação de milhões de crianças em todo o mundo que não tinham acesso à educação ou escolaridade. Naquele momento, Adam descobriu sua vocação. Ele sabia que queria encontrar uma maneira de fazer com que as crianças tivessem acesso à educação. A partir dali, Adam começou a carregar lápis com ele onde quer que fosse para dar às crianças em sua jornada.

Depois de completar suas viagens, Adam passou os próximos dois anos trabalhando como consultor em uma empresa de alto nível, aprendendo o máximo que podia para que um dia pudesse iniciar uma organização que realmente afetaria a educação global e empoderaria os jovens. Em seu 25º aniversário, ele abriu uma conta bancária com 25 dólares e iniciou uma organização sem fins lucrativos chamada Pencils of Promise. Para sua festa de aniversário, ele pediu a seus convidados que doassem dinheiro para ajudá-lo a abrir uma escola. Quatrocentas pessoas compareceram à sua festa e doaram em média 25 dólares. Ele ficou tão inspirado naquela noite que continuou trabalhando na ideia. Um ano depois, ele deixou seu lucrativo trabalho de consultoria para prosseguir com sua empreitada. Até o momento, a Pencils of Promise já abriu quatrocentas escolas na África, Ásia e América do Sul. A cada cem horas, eles começam a construir uma nova escola. Seguindo seu coração para descobrir seu "porquê", Adam agora pode contar essa história toda vez que fala sobre a Pencils of Promise.

A HISTÓRIA DA SOLUÇÃO DO PROBLEMA

A história da solução do problema é incrivelmente simples e comum. Ela se concentra no motivo pelo qual a maioria das empresas é formada — alguém se deparou com um problema, encontrou uma solução e criou uma empresa para fornecer essa solução. Quanto mais doloroso for o problema, mais desejável será a solução, pois muitos clientes podem estar precisando dela. A solução pode ser real ou hipotética. Mesmo que você esteja apenas começando sua empresa e ainda não tenha um produto, pode criar a hipótese de um cenário em que existe um problema com o qual as pessoas se identificam e você constrói a solução para esse problema. Quanto melhores forem os resultados dessa solução, mais impactante será a história.

Quando criança, Ben Silbermann era um grande colecionador. Ele colecionava borboletas, selos e livros. Em 2008, ele deixou seu emprego no Google para fazer o que sempre quis fazer — construir algo que outros achassem valioso. Embora não soubesse exatamente o que seria esse algo, ele passou dois anos trabalhando em vários projetos e resolveu criar um aplicativo que encorajava as pessoas a comprar coisas nele. O aplicativo acabou sendo um fracasso, mas ele notou uma coisa interessante: as pessoas usavam o aplicativo para enviar fotos de produtos por e-mail para que pudessem ver posteriormente.

Enquanto Ben e sua equipe pensavam sobre o que deu errado e o que fazer a seguir, a ideia de poder visualizar produtos depois de um tempo despertou uma memória de suas coleções na infância. Ele analisou outros sites e descobriu que não havia uma maneira simples de compartilhar online as coisas com as quais você se importa para outras pessoas verem. Apesar de todas as plataformas de mídia social que tinham surgido online, não havia uma solução online que permitisse aos colecionadores mostrar sua personalidade da mesma forma que as coleções físicas fazem.

Ben e sua equipe decidiram então criar um site onde as pessoas pudessem postar e compartilhar suas inspirações com o mundo e o chamaram de Pinterest. Eles passaram o ano seguinte trabalhando em mais de cinquenta versões do site antes de criar o design correto. Quando terminaram, eles enviaram e-mails a todos que conheciam anunciando o site, mas foi um começo lento. Convencido de que sua solução online para construir coleções era uma grande ideia, Ben enviou um e-mail pessoal a cada usuário agradecendo por utilizar seu site. Para ajudar na situação, ele até começou a realizar reuniões presenciais e incentivou os usuários a compartilhar o site com outros que poderiam adorá-lo. Um a um, eles construíram seu público, e logo o site decolou. Os designers adoraram a infinidade de conteúdo, e os colecionadores adoraram poder criar e curar quadros virtuais de fotos. Ben descobriu um problema — não havia como os colecionadores exibirem suas coleções online — e entregou uma solução ao fornecer um site que mostrava coleções de forma envolvente. Os colecionadores passaram a poder publicar suas coleções online e reunir fãs que descobririam, visualizariam e comentariam essas coleções.

A solução de um problema tornou-se o Pinterest, que tem agora mais de 250 milhões de usuários ativos. Vinte por cento de todas as mulheres norte-americanas que usam a internet estão no Pinterest, e quase um quarto de todos os usuários usam o site pelo menos uma vez por dia. O Pinterest recebe cinco milhões de pinos diários e mais de 2,5 bilhões de visualizações de páginas por mês.

A HISTÓRIA DA *BIG IDEA*

A história da *big idea*, ao contrário das outras, tipicamente se concentra no futuro e numa noção grandiosa desse futuro. As histórias em torno de uma *big idea* são criadas para pintar um quadro de otimismo e inspirar o público a acreditar que tudo é possível, se ele estiver aberto a isso. Tipicamente, esse tipo de história requer um alto grau de habilidade oratória ou reconhecimento prévio para as pessoas acreditarem, mas, via de regra, qualquer pessoa com uma *big idea* pode usá-la.

Em 1994, Jeff Bezos estava trabalhando em Wall Street, em um fundo de hedge.[8] Ele se deparou com uma estatística surpreendente de que o uso da web estava crescendo a 2,3 mil por cento ao ano. Ele estava tão hipnotizado por esse crescimento que organizou um pitch para seus parceiros de fundo de

8. Alternativas e estratégias de alto risco não convencionais que visam superar uma turbulência no mercado, gerando lucro em situações de instabilidade financeira. [N.E.]

hedge. Ele achou que eles deveriam se concentrar em uma indústria específica e lançar um negócio online com mais oportunidades para que pudessem capitalizar esse crescimento. Na época, ninguém tinha a percepção de Jeff Bezos, e todos do fundo de hedge de Wall Street dispensaram a ideia.

Incapaz de convencer seu empregador a investir em um negócio online, Jeff olhou-se no espelho e se perguntou o que ele mais lamentaria quando tivesse oitenta anos: deixar passar a oportunidade de construir uma empresa na terra de ninguém que era a internet, ou deixar seu trabalho confortável e prestigioso em Wall Street. Jeff decidiu que se arrependeria de não correr o risco. Ele desistiu dos fundos, entrou no carro com sua esposa e foi para o oeste dos EUA. Então, Jeff começou a pesquisar até encontrar uma indústria que estivesse madura para ser impactada pela explosão da internet, que certamente viria. O que ele descobriu foi que a indústria dos livros era a melhor para isso. Ele criou um plano de negócios e seguiu para Seattle porque isso lhe daria pronto acesso a um dos maiores atacadistas de livros do país. Além disso, havia uma ampla oferta de programadores de informática que viviam na região.

Jeff e sua esposa encontraram uma casa de dois quartos com garagem e alugaram-na por 890 dólares por mês. Ele convenceu família e amigos a investirem o capital inicial para o empreendimento e montou três computadores em mesas feitas de portas. Na garagem, ele e sua equipe construíram seu novo site. Uma vez que o site estava funcionando, a equipe trabalhou sem parar no armazém da garagem, empacotando livros, endereçando-os e enviando-os.

Em julho de 1995, ele abriu o site para o público. Esse site era a Amazon.com, nomeado em homenagem ao maior rio do mundo porque Jeff planejava fazer de sua loja a maior do mundo. Após trinta dias, eles haviam vendido livros em todos os cinquenta estados e 45 países estrangeiros. Logo eles estavam ganhando vinte mil dólares por semana, crescendo mais rápido do que alguém poderia imaginar.

A *big idea* de Jeff era tornar possível procurar por qualquer livro que se estivesse interessado diretamente na internet, para que ninguém nunca mais precisasse ir a uma livraria novamente. As pessoas nem sequer sabiam que precisavam disso, mas ele pintou um cenário convincente com sua ideia de que as pessoas deviam poder comprar online o livro perfeito para seus gostos. Hoje, a Amazon é a maior varejista online do mundo, contabilizando 34 por cento de todas as vendas online nos EUA e gerando mais de 178 bilhões de dólares anualmente.

CAPÍTULO CINCO

COMO SE DESTACAR

HÁ UM MUNDO BARULHENTO LÁ FORA, E CADA VEZ MAIS empresas estão competindo pela atenção do público. Prevê-se que, eventualmente, quarenta milhões de pessoas só nos Estados Unidos estarão envolvidas em algum nível de atividade empresarial.

De acordo com o último Índice Kauffman de Atividades de Startups, da Fundação Ewing Marion Kauffman, 540 mil novas empresas são iniciadas a cada mês na terra da liberdade. Isso torna incrivelmente desafiador para os fundadores descobrirem maneiras de se destacar com seu negócio. Com novas ideias constantemente surgindo no mundo, todas elas começam a soar iguais.

Todos nós acreditamos do fundo do coração que nossas empresas serão extremamente bem-sucedidas e que elas são únicas — como nenhuma outra neste planeta. Precisamos acreditar. Do contrário, por que sacrificaríamos todo esse sangue, suor e lágrimas para abrir nossos próprios negócios? Mas acreditar que eles vão se destacar nessa massa de conteúdo não significa que de fato vão. É aí que sua história entra em jogo.

Na massa de conteúdo ao redor da área do empreendedorismo, uma história de destaque ajuda as empresas a se diferenciarem de todos os outros negócios, produtos, serviços e empreendedores que existem. Antes de nos aprofundarmos nos detalhes sobre como criar sua história do zero, quero compartilhar algumas coisas importantes de que você precisa saber para obter sucesso.

Um dos melhores recursos que você tem para começar a se destacar é você mesmo.

FAÇA COM QUE SEJA PESSOAL

Nem uma única pessoa entre sete bilhões de almas neste planeta teve as suas experiências, e é isso que torna sua história verdadeiramente única. Quando você torna sua história pessoal, você capitaliza esse fato. Embora o pensamento tradicional de negócios lhe diga para manter os negócios separados da vida pessoal, no caso de sua história, é o oposto. O empreendedorismo é cem por cento pessoal, assim como sua história. Quando você abre um negócio, está colocando tudo em risco. A empresa é você. Se você não comparecer, nada será feito. Você investe todo o seu tempo, energia e reputação no empreendimento — é pessoal. Não há necessidade de fugir disso.

Quando as histórias são pessoais, é mais fácil para as pessoas se identificarem com elas porque não são genéricas.

A história pessoal evoca emoções que ultrapassam as barreiras comerciais ao criar conexões. O público não vê mais a pessoa que conta a história como um estranho — ela torna-se um conhecido. É muito mais fácil se conectar com uma pessoa do que com um produto, ideia ou empresa.

Quando um público percorre a experiência pessoal, ele sente o que foi sentido, vê o que foi visto e vive o que foi vivido.

No entanto, fazer com que a história se torne pessoal para o público não é sinônimo de descarregar todos os problemas pessoais. Nem todos os detalhes sórdidos precisam ser compartilhados. O público não é seu terapeuta. Ele precisa saber apenas o suficiente para entender o que você estava passando e como seus sentimentos, ações e pensamentos se relacionam com a razão de ser do negócio.

Jen Groover, a fundadora da Butler Bag, traz um de seus momentos pessoais de frustração quando fala sobre ter que despejar todo o conteúdo de sua bolsa na esteira do supermercado para encontrar suas chaves. Cada vez que Jen compartilha essa experiência, ela leva o público em uma jornada com ela — ficar na fila do supermercado com gêmeos nos braços, despejar o conteúdo de sua bolsa e todos olharem para ela com impaciência.

Ela compartilha sua experiência para que o público entenda por que ela precisava de uma solução e por que passou os seis meses seguintes tentando encontrar uma resposta. Ela conta como escreveu notas em um diário, procurou opções em todos os lugares e um dia descobriu a solução perfeita. Ela estava esvaziando a máquina de lavar louça, olhou para o porta-utensílio e sua organização completa, colocou-o na bolsa e encontrou a resposta. Jen poderia dizer, "Tive uma ideia melhor sobre como organizar sua bolsa para que você possa encontrar suas chaves ou acessar seu brilho labial rapidamente", mas, em vez disso, ela compartilha todos os detalhes pessoais de sua vida que aumentaram sua frustração e a colocaram em uma jornada de seis meses em busca de uma solução. As mulheres que carregam bolsas instantaneamente amam sua história porque podem realmente se relacionar com essa frustração.

Sua experiência específica a diferencia das demais. Perguntei a Jen quantas vezes ela havia compartilhado sua história nos estágios iniciais de sua empresa, e ela respondeu: "Milhares." O produto e a história ressoaram tão bem com o público que sua história acabou levando-a à emissora QVC, onde eles pediram que ela compartilhasse sua situação com milhões de pessoas em suas casas em busca da mesma solução, impulsionando as vendas tanto da QVC quanto da marca Butler Bag.

CONSTRUA UM NICHO

Quando eu estava apenas começando como fundador e trabalhando em meu primeiro pitch como investidor, um consultor compartilhou comigo um conceito que me tocou muito e que desde então carrego comigo. Ele afirmou enfaticamente que você precisa identificar o mercado-alvo que está procurando e depois articular como e por que você vai dominar esse espaço. Eu tinha ouvido um conceito semelhante na escola de negócios, mas ele se tornou muito mais real quando tive que pedir dinheiro aos investidores.

Scott McKain, autor de *Create Distinction: What to Do When "Great" Isn't Good Enough to Grow Your Business*, afirmou isso mais sucintamente quando o conheci (dentre todas as possibilidades) em uma conferência para autores. Ele disse: "Não se pode diferenciar o que não se pode definir." Com isso ele quis dizer que, ao definir o campo de jogo, você pode fazer a diferença.

Construir um nicho significa identificar um *gap* onde seja possível articular a relevância de sua proposta no mundo. Mais importante ainda é definir por que essa proposta é única e como ela pode ser diferente de outras propostas e dos demais concorrentes e forças do mercado. Muitas vezes, em ocasiões nas quais é preciso se preparar para convencer um grupo de pessoas de que o serviço ou produto é diferente de todo o resto, o público já entra decidido que nada daquilo é diferente. O campo de jogo já está definido em suas cabeças. Uma história que constrói claramente um nicho permite ao dono da empresa ditar o campo de jogo e controlar a narrativa que está prestes a ser contada.

Kendra Scott, uma empresária surpreendente oriunda de minha cidade natal (Austin, no Texas), usou o conceito de nicho excepcionalmente bem, identificando uma área não atendida do mercado e aderindo-a à sua história e visão para uma nova linha de joias. Ela a chamou de "o espaço em branco".

Kendra vinha trabalhando na indústria de viagens há alguns anos quando engravidou de seu primeiro filho e decidiu que queria criar um negócio onde pudesse passar tempo com sua família, mas ainda assim fazer algo que amasse.

Enquanto Kendra estava grávida de seu primeiro filho, o médico recomendou que ela permanecesse em repouso. Ela não podia sair da cama, a não ser para as coisas essenciais. Enquanto estava deitada, ela começou a refletir sobre ideias de negócios e pensou em uma de suas paixões — fazer joias para suas amigas. Seu marido havia sido dispensado recentemente de seu trabalho, e eles estavam em uma situação financeira difícil. Isso estimulou sua determinação de iniciar um negócio fazendo algo que ela amava. Ela decidiu criar o tipo de joia que sempre teve dificuldades para encontrar.

Ela e suas amigas tinham todas o mesmo problema. Elas queriam ficar bonitas e estilosas, mas não podiam pagar por joias caras, e não queriam gastar dinheiro em joias baratas que não iriam durar. Na época, o mercado estava cheio de peças de preço exagerado e joias baratas que se desfaziam após um desgaste, mas não havia nada no meio. Então, ela teve uma ideia. Não seria ótimo se houvesse joias que tivessem bom aspecto, mas que ainda fossem acessíveis?

Ela tirou quinhentos dólares de sua poupança, que era o último dinheiro que tinha, e começou a fazer suas próprias joias. Ela esperou que seu bebê tivesse idade suficiente e começou a bater na porta de todas as boutiques locais e contar sua história. Ela havia identificado um espaço que ninguém atendia — mulheres que queriam estar bonitas, com bons acessórios, mas não tinham uma quantia exorbitante de dinheiro para gastar, ou simplesmente não queriam gastar. Ela entendeu que as mulheres estavam dispostas a pagar duzentos dólares por uma joia atraente que elas guardariam e apreciariam, mas que não precisariam contrair um empréstimo para comprá-la.

Sua história, combinada com um produto lindo que as mulheres adoravam e uma compreensão inata do que as mulheres procuravam, a ajudou a criar uma marca de sucesso. Kendra Scott agora tem 75 lojas e seus produtos são vendidos por mais de mil varejistas, incluindo Neiman Marcus, Nordstrom e Bloomingdale's. Sua empresa está avaliada em mais de um bilhão de dólares.

Uma das principais razões pelas quais Kendra se saiu incrivelmente bem é porque ela identificou esse espaço em branco, onde ninguém estava operando, criou um produto que atendia perfeitamente às necessidades de seu mercado-alvo e fez disso parte de sua história. Mas as marcas nem sempre têm que operar no espaço em branco para se destacar. Se elas podem comunicar seu produto ou serviço de uma forma que pareça nova, ou contar a história que ninguém está contando, elas vão atrair atenção.

Depois de John Paul DeJoria, o fundador dos produtos capilares Paul Mitchell, ter encontrado o sucesso, ele foi abordado por seu amigo Martin Crowley. Crowley viajava frequentemente para o México para adquirir produtos e levá-los para os Estados Unidos, para vendê-los a arquitetos. Em uma de suas viagens, Martin pegou uma tequila de agave azul e fez John Paul provar. John Paul apreciou a suavidade e incrível sabor da bebida. Martin propôs a John Paul que eles se unissem e vendessem aquela tequila nos Estados Unidos. Na época, tequila para os norte-americanos era conhecida como uma bebida alcoólica de baixa qualidade que resultava em uma ressaca ruim. Todos tinham uma história de ressaca horripilante associada à tequila desde a faculdade, e ninguém nos EUA estava bebendo tequila de alta qualidade.

Eles decidiram que, em vez de tentarem comercializar para a José Cuervo ou coisa do tipo, eles criariam uma história que se concentraria em uma tequila ultrapremium que só as pessoas com paladar refinado no México bebiam. Eles criaram garrafas feitas à mão, sob medida, que vinham numa caixa incrível, e deram à tequila um sexy e poderoso nome, Patrón (que significa "o chefe").

Em vez de tentar vendê-la como a maioria das tequilas são vendidas, John Paul ia em restaurantes de alto nível e bares da moda em Los Angeles e pedia ao barman do local uma dose da melhor tequila disponível. Naquela época, a melhor tequila custava três ou quatro dólares a dose, no máximo. Ele agradecia ao barman da vez, tomava o shot, depois pedia um copo vazio. O barman colocava um copo vazio no balcão do bar e John Paul apresentava a Patrón. A reação dos funcionários de cada estabelecimento era mandar John Paul guardar a garrafa, mas ele mantinha-se rápido em sua tática de vendas e dizia a cada um deles: "Você se importaria de provar isto?" Os funcionários geralmente hesitavam, mas, depois de um gole, simplesmente diziam: "Uau! O que é isso?"

John Paul respondia: "Esse é o futuro da tequila. É a Patrón."

A cada vez que um barman era surpreendido pela Patrón, John Paul prosseguia e pedia aos proprietários dos bares e restaurantes para apresentar seus clientes e amigos famosos à bebida. Ele organizou festas exclusivas convidando atores e músicos de alto nível e colocou seletivamente sua tequila superpremium nas melhores casas noturnas e bares da moda em Los Angeles, Nova York, Las Vegas e Miami. Com o passar do tempo, o burburinho se espalhou, e aquela garrafa especial estava aparecendo em fotos de celebridades e sendo referenciada em canções populares. Tornou-se uma bebida de status.

Eles venderam a ideia da Patrón como algo que era destinado a ser bebido como uísque e saboreado como vinho. Eles mudaram completamente a dinâmica da indústria da tequila nos Estados Unidos e criaram um novo mercado — a tequila ultrapremium —, que ninguém nos Estados Unidos conhecia. Hoje, eles são donos desse nicho de mercado e têm a marca mais vendida de tequila ultrapremium, com vendas estimadas em um bilhão de dólares por ano.

ACEITE SER O AZARÃO

Por definição, todos os empreendedores são azarões. Quando você inicia um negócio, geralmente há muito pouco em termos de recursos, e você é a única pessoa no negócio fazendo tudo. Embora quase todos os novos negócios comecem assim, a maioria dos empresários tende a se afastar do rótulo de azarão porque não quer ser vista como um jogador sem renome em um mercado estabelecido. Muitos têm medo de enfrentar a Pepsi ou a Microsoft porque se preocupam em não conseguir competir.

O que é fabuloso na cultura norte-americana é que nós amamos os azarões. Nascemos em um país fundado por azarões e celebramos a autodeterminação, o individualismo e a perseverança contra todas as probabilidades negativas. Quando o papel de azarão é aceito, é criado no público o desejo de torcer por aquele empreendedor. Todos amam a história de Davi contra Golias, e todos querem ver alguém fazer o que ninguém fez antes. As pessoas querem ver os azarões tornarem-se bem-sucedidos e acompanharão a história deles para saber como estão indo. Ao aceitarmos ser os azarões, podemos transformar nossas fraquezas em pontos fortes, e usar os pontos fortes de nossos concorrentes contra eles. A posição de desvantagem pode até mesmo mudar as regras do jogo.

O que eu quero que você faça é que aceite seu status de empreendedor azarão. Deixe seu público saber como você é o Davi que luta contra os Golias de sua indústria para que eles torçam por você. Em essência, seja como Mike.

Michael Dubin, o fundador do Dollar Shave Club, aceitou ser o azarão de forma bastante brilhante. Michael tinha trabalhado com mídia e marketing por uma década em redes de TV e revistas enquanto escrevia comédia e fazia apresentações em paralelo. Ele havia se mudado recentemente para Los Angeles para trabalhar com mídia online quando, em uma festa, ele conheceu um cara chamado Mark Levine. Mark ganhou 250 mil lâminas de barbear e estava se perguntando se Michael, com seu conhecimento em marketing digital e vídeos promocionais, poderia ajudá-lo a vendê-las. Eles começaram a falar sobre o preço elevado da indústria de lâminas de barbear, o quão irritante é o processo de compra de uma lâmina e a grande oportunidade que aquilo poderia ser.

Michael acreditava na ideia de criar um clube de compras por correspondência que custaria um dólar por mês aos membros, que receberiam lâminas de barbear em suas casas. Ele entendia o mercado como um homem que se barbeia regularmente e por isso sabia que a maioria dos homens estava frustrada com a experiência geral da compra de lâminas de barbear. As lâminas eram caras e tinham características que somente um astronauta poderia precisar. Além disso, as lâminas tinham enormes orçamentos de marketing apoiados por corporações gigantes. Em vez de se posicionar em concorrência direta com as grandes marcas de lâminas de barbear, ele decidiu ir exatamente na direção oposta. Michael tirou as vantagens dos líderes do mercado e os virou de cabeça para baixo.

Com um orçamento de 4,5 mil dólares, ele produziu um vídeo hilariante que criticava tudo o que os conglomerados multimilionários de lâminas de barbear estavam fazendo. Por menos de cinco mil dólares, Michael apresentou o simples modelo de negócios do Dollar Shave Club e usou as vantagens dos concorrentes bilionários como razões para as pessoas comprarem o produto que ele estava vendendo, não aquele vendido pelas grandes empresas.

Ao criar um vídeo inteligente de noventa segundos que obteve mais de 15 milhões de visualizações, Michael contou a história das propostas de valor de sua empresa, zombando dos players dominantes. A partir desse vídeo, o Dollar Shave Club cresceu. Eles não precisavam de características extravagantes ou grandes estrelas nos anúncios, apenas a simples premissa de que homens querem uma maneira fácil e barata de se barbear bem todos os dias. Hoje, há mais de 3,2 milhões de membros no Dollar Shave Club, e a empresa é agora propriedade da Unilever, que a comprou por um bilhão de dólares.

A história de Michael é o exemplo perfeito de um fundador que abraça completamente o papel de azarão para elevar os atributos de sua startup, ao mesmo tempo em que usa as forças dos Golias do mercado contra si próprios. Essa abordagem permitiu que o Dollar Shave Club sacudisse completamente uma indústria de seis bilhões de dólares e se tornasse a empresa número um de lâminas de barbear online, que acabou sendo comprada por um Golias que não conseguia vencer Davi.

SEJA VULNERÁVEL

Não importa o quanto alguém tente se preparar, coisas ruins vão acontecer. Erros. Fracassos. Falhas. Catástrofes. Conflitos. Julgamentos precipitados. Quando se trata de compartilhar coisas ruins, a maioria dos empresários varre a sujeira para debaixo do tapete, evita falar de seus erros ou os escondem completamente. Brené Brown, autora de *A coragem de ser imperfeito*, best-seller do *The New York Times*, e uma das maiores especialistas em vulnerabilidade, coloca as coisas desta maneira:

> "Ser vulnerável é correr o risco de ser ferido, não apenas emocionalmente, mas estar sujeito à crítica, ao escrutínio moral ou à tentação, como em um ponto de fraqueza." [Tradução livre.]

A ideia do risco é suficiente para fazer qualquer empreendedor tentar fugir de ser vulnerável, mas o que muitos fundadores não percebem é que há um tremendo poder na vulnerabilidade. A vulnerabilidade é uma porta de entrada para o coração e uma das formas mais rápidas e eficientes de conexão humana. As pessoas querem ouvir falar de falhas porque todos nós temos falhas. Quando os erros e as catástrofes são compartilhados, a atenção é atraída. Uma história que humaniza a experiência do empreendedor ajuda a construir e fortalecer as relações com clientes atuais e potenciais, funcionários, parceiros e até mesmo investidores. A vulnerabilidade permite ao fundador capitalizar uma conexão visceral com as pessoas porque elas criam empatia. Quando as coisas estão escondidas ou muito polidas, elas ficam entorpecidas e não provocam uma reação tão profunda.

Conheci Brené Brown na Conscious Capitalism CEO Summit, evento que filmo todos os anos e que reúne duzentos dos principais fundadores e CEOs do país. Ela deu uma palestra a executivos fundadores de empresas sobre como, a fim de serem líderes eficazes, eles precisam usar o poder da vulnerabilidade. Para ser vulnerável, é preciso ir fundo e destrinchar as camadas. Quando você compartilha suas experiências nos negócios, seu público fica sabendo quem você é. Construa confiança e conecte-se com seus ouvintes em vários níveis, divulgando as razões pelas quais você colocou seu coração e sua alma em um determinado negócio. Compartilhe o que o motiva por dentro para que seu público saiba que sua visão não é apenas uma ideia louca, mas sim algo enraizado na determinação e na necessidade de resolver um problema real ou de ajudar os outros. Compartilhe também suas frustrações e desafios, mas deixe as pessoas saberem que você irá superá-los porque confia na sua proposta e no potencial que ela tem de melhorar a vida daqueles que forem atingidos por ela.

Não se preocupe com o que os outros pensarão. Sua história é sua história. As pessoas não podem argumentar contra o que você sente sobre suas próprias experiências. O que é ótimo sobre a vulnerabilidade em relação à contação de uma história é que ela torna o narrador mais atraente como fundador. A maioria das pessoas pensa o contrário — que a vulnerabilidade faz você parecer fraco e não merecedor de liderança —, mas não é verdade. Como Brené Brown tão eloquentemente diz, "O que o torna vulnerável, o torna belo" [tradução livre].

Carley Roney compartilhou todos os momentos desastrosos de seu casamento para criar a The Knot. Ela apresentou ao mundo a bagunça de sua vida porque acreditava que sua história poderia ajudar os outros. As melhores histórias fazem mais do que simplesmente apresentar uma imagem crível; elas cativam o público e amarram suas emoções ao que é possível. Quando o fundador da Life Is Good, Bert Jacobs, leva os ouvintes de volta à sua infância e fala sobre quando seu pai teve o acidente de carro que o deixou incapaz de trabalhar, ele cria uma poderosa conexão com o público a partir de sua vulnerabilidade. Ao abrir-se sobre um detalhe muito pessoal de sua infância — remetendo a um momento em que sua família mal conseguia pagar as contas —, ele retrata como o otimismo se tornou um dos pilares de seu sistema de crenças e realização interna. Isso faz com que o público se importe com ele.

CONFIE NOS NÚMEROS

Há um mito de que você deve evitar fatos e valores e que nunca deve usar números ao contar sua história porque não é isso que importa ao público, mas acredito que isso seja uma besteira. Embora eu concorde que os números usados *ad nauseam* possam embrutecer uma história, acredito que possam também melhorá-la.

Os números são para as histórias o que as especiarias são para os alimentos. Eles podem ser usados para fornecer o sabor certo, acentuar elementos específicos da história e ajudar a distinguir o fundador e sua história. Um único número pode acrescentar um detalhe poderoso a uma história e captar um momento ou aspecto distintivo da história. Eles também ajudam a encurtar e simplificar uma história, mas ao mesmo tempo dão profundidade à história e a diferenciam de todo o resto. Os números podem mostrar a magnitude do problema a ser resolvido, demonstrar o impacto da solução ou evidenciar o potencial do negócio. Eles podem trazer atenção a uma história, acrescentar credibilidade à experiência profissional do contador de histórias e quantificar pontos impressionantes de negócios e vida.

Tenho uma variedade de números que se relacionam com minha formação em engenharia, aos meus negócios, minha startup e experiência em produção, mas os que uso estão focados na narrativa empresarial. Utilizo declarações como "Passei quinze anos filmando quinhentos grandes empreendedores e produzi oitocentos vídeos", ou, "Dediquei vinte mil horas para a arte e ciência do storytelling empreendedor para ajudar empresários a criar e contar suas histórias".

Os muitos fundadores de que você ouviu falar neste livro utilizam números como parte de suas histórias cada vez que eles as compartilham:

- Adam Braun viajou para cinquenta países para descobrir seu "porquê", e isso o levou ao jovem que pediu um lápis.
- Michael Dubin gastou 4,5 mil dólares para produzir um vídeo de noventa segundos que foi visto por milhões de pessoas.
- Bert Jacobs e seu irmão tinham 75 dólares restantes e os usaram para confeccionar 48 camisetas que se esgotaram em 45 minutos.
- Blake Mycoskie usou a premissa do modelo de negócios *one-for-one*[9] para trazer conscientização para sua marca e àqueles

9. Método que consiste na comercialização de um produto e de um projeto filantrópico simultaneamente. Ou seja, quando um produto é vendido com a promessa de outro ser destinado a uma obra de caridade. [N.E.]

que estavam ajudando. No processo, ele completamente mudou o modelo de doação.

- Drew Houston embarcou em uma viagem de quatro horas de ônibus sem seu pen drive, o que levou à criação do Dropbox.
- Kendra Scott usou seus últimos quinhentos dólares em economias para começar sua linha de joias.

Cada um desses empreendedores usa números relevantes para melhorar sua história. Eles empregam seletivamente os números para enriquecer a história em vez de desorganizá-la.

NÃO SEJA CONVENCIONAL

Outro meio eficaz para fazer uma história sobressair é fazer com que ela seja pouco convencional. Quando uma história é original ou foge à norma, é mais provável que chame a atenção do público. O que é fascinante sobre esta abordagem é que as pessoas realmente anseiam pelo inesperado. Estamos conscientemente ou subconscientemente buscando coisas que nos façam parar por um momento para ficar impressionados. Similar a nossos instintos de lutar ou fugir, nossos cérebros e corpos estão sempre em busca de algo que nos mantenha de fora do caminho do mal ou que talvez nos dê prazer.

Os cientistas da Emory e da faculdade de medicina de Baylor usaram ressonância magnética funcional para medir as mudanças na atividade cerebral humana em resposta a uma sequência de estímulos prazerosos (para o estudo, eles usaram suco de frutas e água), em padrões previsíveis ou aleatórios. Eles descobriram que o cérebro respondia mais fortemente à sequência imprevisível de estímulos. Os cientistas supõem que o cérebro subconscientemente prefere prazeres inesperados mais aos esperados, ainda que possamos conscientemente acreditar que preferimos o segundo.[10]

10. Gregory S. Berns et al., "Predictability Modulates Human Brain Response to Reward,"

Portanto, pode ser vantajoso para você introduzir ideias, revelações surpreendentes ou fatos impossíveis. Para ajudar sua história a se destacar, pode ser útil revelar coisas que são totalmente inesperadas, surpreendentes e privadas. Quando você escolhe o não convencional, você sai da norma e quebra as expectativas do seu público, que é atraído para o que você está compartilhando.

Quando Michael Dubin lançou o Dollar Shave Club, sua intenção era mais do que apenas fornecer uma lâmina de barbear mais barata para competir contra os líderes de mercado e seus produtos mais caros, como Gillette e Schick. Como parte de sua estratégia, ele decidiu contornar o intermediário e criar um modelo de associação por correspondência ao invés de vender através de varejistas. A chave para essa estratégia era usar a tecnologia e a criação de conteúdo para elaborar e compartilhar sua história.

O objetivo era dar aos clientes a impressão de que eles não precisam de uma lâmina de barbear chique com tecnologia espacial. Eles estariam mais bem servidos com este novo produto — uma lâmina de barbear de boa qualidade e barata, entregue em sua porta a cada mês.

A ideia era ser irreverente e hilariantemente honesto para não apenas construir fama para o Dollar Shave Club, mas também recrutar seguidores fiéis. Tudo isso se tornou parte de sua história e estratégia de posicionamento, que culminou no vídeo.

O bem conhecido vídeo de Michael Dubin sobre o Dollar Shave Club tem várias declarações extravagantes e ousadas. Falas como "Você gosta de gastar vinte dólares por mês em lâminas de barbear de marca? Dezenove vão para Roger Federer" e "Você realmente acha que sua lâmina de barbear precisa de um cabo vibratório, uma lanterna, um coçador de costas e dez lâminas? Seu avô bonitão tinha apenas uma lâmina e poliomielite" apimentam o vídeo. Essas declarações são inteligentemente feitas, zombando de empresas que usam atletas famosos como Federer para endossar seus produtos. Elas divertem e têm elementos de fatos

Journal of Neuroscience 21, n. 8 (2001): 2793–98, DOI: https://doi.org/10.1523/JNEUROSCI.21-08-02793.2001.

verdadeiros nelas que fazem com que o público queira aderir ao Dollar Shave Club.

A esperteza do vídeo criou um burburinho e incitou as pessoas a começarem a falar sobre aquilo com seus amigos. Para Michael, tratava-se de contar uma boa história e construir um bom funil de vendas em torno de clientes atraídos por sua marca irreverente.

HISTÓRIA DO FUNDADOR: GARY VAYNERCHUK

Um dos mestres da arte de criar uma empresa, desenvolver uma marca pessoal e destacar uma história é Gary Vaynerchuk, fundador da Vaynermedia e da Wine Library TV. Ele usa todos os elementos discutidos até aqui — tornar pessoal, tirar vantagem de ser o azarão, abraçar a vulnerabilidade, usar os números, ser não convencional — e faz isso excepcionalmente bem.

Nascido com o dom de empreender, Gary começou seu primeiro negócio aos seis anos de idade e, desde então, vem desenvolvendo seu domínio em contar histórias. Ele começou com uma barraca de limonada, mas em vez de abrir apenas uma, ele franqueou oito barracas e recrutou todos os seus amigos para geri-las, dizendo-lhes que ganhariam dinheiro. Todos os dias, ele ia de bicicleta recolher os ganhos de seus "franqueados". Aos 12 anos de idade, Gary Vaynerchuk havia dominado com sucesso o comércio de cartões de beisebol. Ele ganhou três mil dólares em um único fim de semana, numa feira de beisebol. Nos anos seguintes, ele se tornou o maior vendedor de cartões de beisebol de todos os tempos, mas esse sonho terminou aos 14 anos de idade, quando seu pai lhe disse para desistir de seu hobby e ajudar na loja de bebidas da família. Ele ficou encarregado de trabalhar no porão, estocando e limpando por dois dólares a hora. Ele trabalhava a cada hora que não estava na escola, inclusive nos fins de semana, verões e feriados. Mas, aos 16 anos, o mundo inteiro mudou para ele quando finalmente o deixaram subir as escadas para ajudar a trabalhar na loja.

Um dia, um cliente pediu um Caymus Special Select 1990, o vinho do ano da *Wine Spectator*, que todos queriam; no entanto, o vinho já havia acabado no estoque. Na verdade, muitos clientes apareceram para pedir o mesmo vinho e foram embora com as mãos vazias. Gary estava fora de si de tanta frustração, então ele decidiu que para a próxima pessoa que entrasse, ele aceitaria um pedido de reserva (mesmo que eles não tivessem um sistema para isso). O cliente seguinte entrou, perguntou pelo vinho, e Gary respondeu: "Ótimo. Estamos esgotados, mas eu posso aceitar um pedido de reserva." O cliente lhe deu seu nome e endereço, ao que Gary respondeu: "Quantos você gostaria de encomendar?" O cliente respondeu: "Vou levar seis caixas." Gary, pensando que aquele cara era alcoólatra, perguntou: "Você vai dar uma festa?" O cliente respondeu: "Não. Eu coleciono vinhos." Gary teve um momento "eureka". Ele entendia de colecionadores desde seus primeiros anos negociando cartões de beisebol. Ali ele percebeu que podia transformar as coisas pelas quais as pessoas tinham obsessão — fossem cartões de beisebol, vinho ou a si mesmas — em uma metodologia que eventualmente o ajudaria a se tornar um dos maiores especialistas em vinho e mídia social do mundo.

Poucos anos depois de começar a trabalhar na loja de vinhos, Gary descobriu o YouTube. Armado com um minigravador de vídeo e um balde de metal do New York Jets, ele iniciou a Wine Library TV em 2006 como uma forma de compartilhar seu conhecimento e paixão por vinho com uma comunidade que precisava desesperadamente de uma voz revigorante. Seu programa era exatamente o oposto de todos os outros que falavam sobre vinho. Ele gravava em seu porão, vestindo uma camisa dos Jets e usando seu balde dos Jets como cuspideira. Ele usava referências, frases e exemplos sobre vinho que nunca ninguém tinha ouvido antes. Ele soltava palavrões enquanto falava sobre tudo — vinho, futebol, música, estilos de roupa etc. Seus vídeos eram crus, reais e insanamente bem-sucedidos. Em pouco tempo, cem mil pessoas estavam assistindo seus vídeos todos os dias. Ele tinha criado um grupo de seguidores chamado Vayniacs, e esses espectadores se tornaram a base para sua marca.

Através de seu canal no YouTube, ele converteu milhares de iniciantes em consumidores regulares de vinho. Ele fez pessoas como eu, que não bebiam muito vinho, assistirem aos episódios, porque eles eram divertidos e informativos. O canal de Gary não era só enrolação — ele conhecia vinhos de trás para frente. Quando eu o filmei para um programa online chamado *On the Road with iV*, a apresentadora (e minha melhor amiga) Ingrid Vanderveldt escolheu um vinho australiano desconhecido que ela havia ganhado de presente para testar Gary. Ele não só conhecia o vinho como disse a ela de onde ele vinha na Austrália e detalhou tudo que o paladar dela havia sentido com o vinho, além de fazer recomendações sobre o tipo de comida que deveria acompanhá-lo. Ele fez tudo isso com tanto charme, sinceridade e confiança que fez com que todos quisessem sair e comprar uma garrafa daquele vinho, porque não se tratava de ter uma garrafa de vinho esnobe e altamente cotada, mas sim de ter algo realmente bom para beber com sua refeição, da mesma forma que você pode querer um pouco de molho para acompanhar suas batatas fritas.

Uma das afirmações que Gary fez em seu programa no YouTube e que chamou enorme atenção foi a de que um dia ele iria comprar os New York Jets da NFL. "Meu próximo passo em minha carreira é sair por aí e adquirir negócios, gerenciá-los através da VaynerMedia e fazer centenas e centenas de milhões de dólares, ou até bilhões, espero. Depois, comprarei os New York Jets", disse ele.

Essa foi uma declaração bastante absurda vinda de alguém sentado em um porão cuspindo em um balde e falando de degustação de vinhos, mas foi eficaz o suficiente para chamar a atenção de seu público e destacar Gary como um farol. Ele disse aquilo com tal obsessão, convicção e grandiosidade que se tornou parte de quem ele é e do que ele representa. Gary entende implicitamente que todos nós fazemos decisões em poucos segundos sobre o que vamos consumir e, por isso, fala aos seus espectadores de maneiras com as quais eles se conectam e se tornam mais abertos a ouvir suas palavras, tomando, portanto, ações baseadas em suas recomendações.

Gary faz um esforço extraordinário para fornecer um serviço excepcional ao cliente porque sabia que isso não só ajuda a cultivar clientes para a vida, como também gera histórias lendárias. Uma vez, ele passou a seguir no Twitter um cliente de Chicago que havia feito um pedido de vinho online. Ele notou que o cliente fazia um monte de posts sobre seu amor por

Jay Cutler, quarterback dos Bears na época. Gary fez com que Kristen, da equipe de suporte ao cliente — a equipe do "muito obrigado por consumir nossos produtos" —, procurasse no eBay uma camisa autografada por Jay Cutler e a enviasse com um bilhete para o cliente, que dizia: "Obrigado por seu primeiro pedido com a www.WineLibrary.com."

Algumas semanas depois, o cliente enviou uma nota de retorno:

> "Olá. Antes de mais nada, Kristen, muito obrigado. Eu sou um cara que trabalha em fundos de hedge em Chicago. Sou uma pessoa muito, muito ocupada. Recebi a camisa. Eu amei. Está emoldurada no meu escritório. Eu não tinha tido tempo de responder. Simplesmente incrível. Como vocês sabiam? Eu só queria dizer a vocês que já gastei centenas de milhares de dólares com a Sam's em Chicago, que é uma ótima loja, mas nunca fizeram nada por mim. Quando eu entro na loja, eles nem sequer sabem quem eu sou. Este gesto significa muito para mim. Fiquem sabendo que quero fazer negócio com vocês pelo resto da minha vida."

Há inúmeros exemplos que eu poderia compartilhar que exemplificam o que faz de Gary um empreendedor contador de histórias tão incrível. Mas se você quiser sentir a experiência pessoal e a abordagem não convencional em primeira mão, siga qualquer um de seus canais de mídia social e ouça suas declarações ousadas, sinta os efeitos de seu uso de situações de conflito e veja os números que ele usa como parte do coquetel de contação de histórias. Gary é uma máquina viva de contar histórias. Ele constantemente compartilha velhas e novas histórias para captar a atenção do público, apresentar seus pontos de vista e se distinguir de todos os outros em sua área, seja no mercado de vinhos, mídias sociais ou publicidade.

Hoje, Gary tem 1,8 milhão de seguidores no Twitter, 3,5 milhões de seguidores no Instagram e 2,8 milhões de fãs no Facebook. Seu canal no YouTube tem 1,5 milhão de inscritos, e ele escreveu quatro livros best-sellers do *The New York Times*. Além disso, construiu do zero uma agência de publicidade que hoje conta com trezentas pessoas e continua a fazer crescer o negócio de vinhos de sessenta milhões de dólares de sua família.

CAPÍTULO SEIS

A CHAVE PARA HISTÓRIAS MEMORÁVEIS

EM 1885, UM PESQUISADOR ALEMÃO CHAMADO Hermann Ebbinghaus realizou uma experiência para determinar o que as pessoas lembravam quando lhes era dada alguma informação. Ele descobriu que, vinte minutos depois de ouvir algo, nós esquecemos quarenta por cento do que foi ouvido. Após duas horas, perdemos mais de 55 por cento e, após dois dias, esquecemos setenta por cento dessa informação inicial. Ele chamou este processo de "curva do esquecimento".[11]

No mundo dos negócios, a curva do esquecimento pode ser ainda pior. Há um crescimento exponencial na quantidade de dados que nos são apresentados e a taxa de mudança dessas informações continua aumentando. Embora nosso DNA seja moldado de forma que interpretemos, compreendamos e nos comuniquemos via histórias, ainda precisamos de algo a mais para garantir que a história seja lembrada. Para

11. Jaap M. J. Murre e Joeri Dros, "Replication and Analysis of Ebbinghaus' Forgetting Curve," *PLOS One* 10, n. 7 (2015), DOI: 10.1371/journal.pone.0120644.

combater a curva do esquecimento, as histórias precisam ser simples, ter um gancho emocional e deixar o ouvinte intrigado.

SIMPLICIDADE

Mais do que nunca, as pessoas querem e precisam de simplicidade em suas vidas. Estamos diariamente sobrecarregados por enormes quantidades de informação, de modo que temos a tendência de ignorar ou bloquear coisas complicadas. Quando as coisas são expostas de maneira simples, elas são mais facilmente processadas pela mente, mais rapidamente entendidas e, consequentemente, mais propensas a serem compartilhadas e lembradas. Uma linguagem simples e cotidiana ajuda você a se conectar com um público que talvez não esteja tão consciente de seu negócio ou conceito da maneira como você está. Quando você usa linguagem cotidiana para explicar situações ou conceitos, é mais provável que os ouvintes prestem atenção e lembrem-se.

Em seu livro *It Can Be Smart to Dumb Things Down*, Doug Hattaway e Jenn Henrichsen explicam como a simplificação de uma mensagem ou "tornar as coisas mais burras" ajuda as pessoas a entenderem. A pesquisa dos autores demonstrou que "pronunciar palavras desconhecidas ou dados complexos para as pessoas distrai o cérebro, enquanto ele vasculha a memória de trabalho e tenta processar essas novas informações. As pessoas literalmente param de ouvir e perdem o ponto principal da questão", provocando, assim, um efeito oposto ao pretendido.

Pesquisas psicológicas (sobre coisas como preferências de sites, escolhas de logotipos e escolhas no mercado de ações) sugerem que quando as coisas são fáceis de entender, elas são mais fáceis de lembrar. Quando a informação é apresentada ao cérebro, quanto mais simples ela for, mais receptivos seremos a ela. Se parecer complexa, temos a tendência de abordá-la com apreensão, ou, pior, de ignorá-la completamente.[12]

12. Nathan Novemsky et al., "Preference Fluency in Choice," *Journal of Marketing Research XLIV*

Como empreendedor, você pode ter a melhor ideia ou produto do mundo, mas se você não puder comunicá-la para que seu público possa entendê-la, ela é inútil. Uma história simples, livre de complicações desnecessárias e que evita perda tempo com detalhes triviais irá reverberar melhor com seu público.

Um estudo feito pela Siegel+Gale, chamado Global Brand Simplicity Index Study,[13] descobriu que 61 por cento das pessoas sao mais propensas a recomendar uma marca por ela ser simples. Como um bônus adicional, 64 por cento das pessoas estão dispostas a pagar mais por essa mesma marca, o que significa que ela poderia ser posicionada como algo premium.

Na TOMS, o modelo de negócios *one-for-one* simples, combinado com a história de origem, ajudou Blake Mycoskie a conseguir seus primeiros clientes, primeiros funcionários, primeiros varejistas e primeiras publicações na imprensa. No aeroporto, na ocasião com aquela mulher que amava os sapatos TOMS, ele viu em primeira mão como sua história podia ser facilmente compartilhada.

Quando Bert Jacobs e seu irmão inventaram a figura de boina e a frase "*Life is good*", eles sentiram a beleza de sua simplicidade assim que a introduziram em Boston. A frase imediatamente atraiu um conjunto mais diversificado de clientes que tomavam decisões de compra mais rápidas e compravam mais de seus produtos no ato. Esses clientes retornaram semanas após a venda porque adoraram a história que suas camisas representavam, e queriam comprá-las para amigos e familiares.

GANCHO EMOCIONAL

Quanto mais emocional for uma história, mais provavelmente o público se lembrará dela. Cientistas descobriram que quando as pessoas são

(2007): 347–56.

13. Global Brand Simplicity Index 2017, http://simplicityindex.com.

tocadas emocionalmente, isso desencadeia elementos na memória a longo prazo. William James, uma das figuras fundadoras da pesquisa em psicologia que estudou os efeitos da emoção sobre o cérebro no final do século XIX, disse certa vez: "Uma impressão pode ser tão excitante emocionalmente que quase deixa uma cicatriz nos tecidos cerebrais."

Dito de outra forma, as emoções fazem a audiência sentir coisas, e nós nos lembramos das coisas que sentimos. A forma como algo nos faz sentir é uma das primeiras coisas que lembramos e, às vezes, a única coisa que fica marcada em nossa memória. As memórias que incluem emoções fortes são tipicamente mais poderosas e duram mais. Criar um gancho emocional é injetar emoção em sua história para que seu público tenha essa cicatriz permanente e se lembre dela de forma visceral por anos a fio.

Um estudo da Duke University descobriu que o centro emocional do cérebro interage com as áreas relacionadas à memória. Quando temos uma experiência que envolve algo emocional, isso vem à mente com repercussão especial para nós porque envolve estruturas cerebrais diferentes das memórias normais.

No estudo, eles usaram ressonância magnética funcional para monitorar os cérebros dos participantes quando lhes foram mostradas imagens de alguma forma emotivas e imagens neutras. Após a sessão de escaneamento, os pesquisadores testaram a memória dos participantes para determinar quais imagens eles se lembravam da sessão. Quando revisaram os dados comportamentais e os escaneamentos cerebrais, descobriram que as memórias das imagens emotivas estavam mais fortemente codificadas no cérebro do que as imagens neutras.[14]

Quando Jen Groover conta a história do dia em que estava segurando seus gêmeos ao mesmo tempo e não conseguia encontrar suas chaves naquela fila de supermercado, você sente a frustração dela. Quando Blake Mycoskie conta sobre sua primeira experiência de distribuir sapatos na Argentina, ele fala sobre a mulher que tinha que decidir todos

14. Florin Dolcos, Kevin LaBar e Roberto Cabeza, "Interaction between the Amygdala and the Medial Temporal Lobe Memory System Predicts Better Memory for Emotional Events," *Neuron* 42, n. 5 (2004): 855–63.

os dias qual de seus filhos iria para a escola porque só havia um par de sapatos para os dois. Howard Schultz traz à tona o romantismo e os aspectos de vivência em comunidade da experiência do terceiro lugar na Itália. Ele fala de um lugar onde as pessoas se reúnem para desfrutar de uma tarde lendo um livro ou bebendo lentamente uma fina xícara de expresso. Para Adam Braun, foi o olhar no rosto da criança que pediu um lápis para que pudesse aprender. Quando ele entregou um lápis ao menino, segundo ele, o menino explodiu com um grande sorriso. Ele conta como a possibilidade que viu no rosto da criança se tornou um momento transformador para ele.

CRIANDO UMA ATMOSFERA DE CURIOSIDADE

Quando você deixa seus ouvintes intrigados, o objetivo é aguçar a curiosidade e invocar o encantamento. Pense em algumas das melhores histórias que já ouviu. O que se destacava nelas? Por que você quis contar a outras pessoas sobre elas? Do que você mais se lembra? Muitas vezes, a coisa que se destaca se concentra em algo anormal, incrível ou simplesmente instigante. Coisas que são intrigantes ou inovadoras são poderosas nas histórias porque o cérebro não consegue ignorá-las.

O incomum demanda atenção extra e leva a uma forte recordação por parte do público. Russell Poldrack, professor de psicologia e neurobiologia e diretor do Centro de Pesquisa de Imagens da Universidade do Texas, em Austin, usou imagiologia para pesquisar e compreender os sistemas cerebrais que estão na base da capacidade humana de aprender novas habilidades, tomar boas decisões e exercer autocontrole. O que ele descobriu é que o cérebro foi feito para responder à novidade.[15]

A novidade é um dos sinais mais poderosos que determina em que prestamos atenção porque faz com que sistemas cerebrais seletos se

15. Russell Poldrack, "Novelty and Testing: When the Brain Learns and Why It Forgets," *Nieman Reports* (2010), http://niemanreports.org/articles/novelty-and-testing-when-the-brain-learns-and-why-it-forgets/.

ativem, sendo um deles o sistema dopaminérgico. A dopamina tem sido tradicionalmente referida como o neurotransmissor de "sentir-se bem", porque cria euforia no cérebro. O que os cientistas estão descobrindo agora é que a dopamina age mais como um neurotransmissor viciante que aciona o cérebro a querer mais do mesmo: "Quando a dopamina é liberada, é um sinal para o cérebro de que agora é hora de começar a aprender o que está acontecendo."[16] Diante de algo inovador, queremos mais daquilo. Pense em quando você recebe um novo e-mail, mensagem de texto ou de áudio; você sempre fica intrigado e condicionado a querer ver o conteúdo. Essa é a dopamina buscando o novo e a novidade.

Há uma comovente TED Talk que Bill Gates fez e que intrigou os ouvintes de uma maneira especial. Até hoje, esse vídeo já foi assistido 4,5 milhões de vezes. A maioria sabe que Bill é o fundador da Microsoft, mas nem todos sabem de sua fundação, a Fundação Bill e Melinda Gates. A TED Talk foi sobre a fundação, e uma de suas missões é erradicar a malária. Naquele dia, antes de Bill começar seu discurso, ele subiu ao palco com um frasco de mosquitos e os soltou na plateia. Então, ele prosseguiu dizendo a todos que uma das principais fontes de transmissão da malária nos países do terceiro mundo são os mosquitos. Tenho quase certeza de que cada pessoa na plateia verificou seus braços o tempo todo durante o resto da palestra, se perguntando se seria mordida por um mosquito. Também tenho certeza de que ninguém esqueceu o discurso.

Tim Ferriss, autor de cinco livros best-sellers e apresentador de um podcast que acumulou trezentos milhões de downloads, é um empreendedor que encarna esse conceito. Desde os seus primeiros dias de vida até escrever seus best-sellers, quase tudo o que ele fez foi contra a corrente. Como autor de *Trabalhe 4 horas por semana* e do subsequente *4 horas para o corpo* e *The 4-Hour Chef* [O chef de 4 horas], Tim descobriu uma nova maneira de desconstruir a vida.

Ele usou um título de livro cativante e instigante, *Trabalhe 4 horas por semana*, como forma de chamar atenção para expor sua história pessoal e sua abordagem para compactar a semana de trabalho de quarenta horas

16. Poldrack, "Novelty and Testing."

em um conceito que exemplifica sua filosofia de vida e sucesso — que é sempre fazer o oposto do esperado. O princípio orientador por trás de todo o seu trabalho é questionar as práticas óbvias e recomendadas e perguntar: "E se eu fizesse o contrário?"

Trabalhe 4 horas por semana não é necessariamente sobre trabalhar apenas quatro horas por semana; é mais sobre ganhar controle de seu tempo para que você possa reduzir suas horas para o volume que desejar, "bem como olhar para a vida de uma maneira não tradicional para que possa obter o máximo de tudo o que faz" [tradução livre]. O que torna o livro tão poderoso é que Tim fornece uma história cronológica detalhada de sua vida, incluindo todos os altos e baixos com franqueza notável e apresentando suas ideias, táticas e aprendizados. É por isso que o primeiro livro vendeu mais de dois milhões de cópias e foi traduzido para mais de 35 idiomas. Foi o campeão de vendas número um do *The New York Times*, *The Wall Street Journal* e na *Businessweek*, estando na lista de mais vendidos por sete anos consecutivos, de 2007 a 2013.

Seu segundo livro, *4 horas para o corpo*, não é um livro de dieta ou condicionamento físico *per se*. É um diário onde Tim descreve sua "busca obsessiva, que abrange mais de uma década, para hackear o corpo humano" [tradução livre]. É uma forma de compartilhar dicas, truques e processos que aprendeu com os maiores especialistas do mundo para fazer as menores mudanças e produzir os melhores resultados para o corpo. Seu terceiro livro, *The 4-Hour Chef*, não é um livro de receitas; é um livro sobre como dominar qualquer habilidade no menor tempo possível. É um livro sobre aprendizagem disfarçado de livro de receitas.

Tim está sempre encontrando maneiras únicas de atiçar a curiosidade. Quando Tim publicou *4 horas para o corpo*, ele lançou um blog intitulado "*From Geek to Freak, How I Gained 34 Pounds of Muscle in 28 Days* [De nerd a sarado, como ganhei 34 quilos de músculos em 28 dias]" para gerar engajamento. Em uma entrevista com Derek Sivers, Tim disse: "As pessoas enlouqueceram. Estava na revista *Wired* e divulgado em todos os lugares online, causando uma avalanche de comentários que diziam coisas como, 'Isso é incrível, meu Deus' e 'Você é um mentiroso, seu idiota!'"[17]

As reações das pessoas — boas e más — eram exatamente o que Tim estava procurando. Ele havia feito a transformação dois anos antes, mas não tinha blogado sobre isso até que tivesse algo para promover. Superficialmente, aquele blog não tinha nada a ver com seu livro, mas levou as pessoas a acessarem seu site, o que por sua vez as levou a comprar seu livro.

A primeira vez que ouvi Tim falar foi em uma casa de chá em São Francisco chamada Yerba Buena Gardens. Ele havia criado um encontro improvisado para que os fãs pudessem perguntar qualquer coisa a ele e falar sobre seus livros. Uma coisa que Tim falou, e pude ver em ação, é que os produtos raramente falam por si. Ele aprendeu desde o início que você deve descobrir maneiras únicas de vender um produto em vez de pedir às pessoas que o comprem. O ponto central dessa metodologia é que é preciso ter uma história interessante para contar, e Tim estava vivendo de acordo com essa filosofia. Lá estava ele em uma casa de chá, contando sua história para estranhos que ele havia convidado através de uma postagem na mídia social para um encontro e uma conversa.

HISTÓRIA DO FUNDADOR: SCOTT HARRISON

Se você quiser conhecer um memorável empreendedor contador de histórias, tudo de que precisa é Scott Harrison. Scott incorpora tudo sobre o significado de criar grandes e memoráveis histórias. Suas histórias não apenas contêm o poder da simplicidade, ganchos emocionais e gatilhos de curiosidade, mas também ajudam a promover sua causa.

Após uma infância cristã conservadora, Scott Harrison começou a se rebelar. Aos 18 anos, ele passou a deixar o cabelo crescer, mudou-se para a cidade de Nova York, juntou-se a uma banda e começou a beber

17. Derek Sivers, "Derek Sivers Interviews Tim Ferriss", agosto de 2008, https://sivers.org/2008-08-tim-ferriss.

e fumar maconha. Mas os 17 anos anteriores de sua vida foram bem diferentes. Quando ele tinha quatro anos, uma empresa de gás local instalou um forno defeituoso na casa de sua família e sua mãe foi exposta a vapores de monóxido de carbono. A exposição aos vapores fez com que ela ficasse extremamente doente e incapaz de cuidar de si mesma. Ele passou a maior parte da juventude ajudando o pai a cuidar dela, indo à igreja e obedecendo às regras. Felizmente, anos depois, sua mãe se curou milagrosamente. Na época, ele não tinha certeza do porquê, mas Scott agora acredita que foi por causa da fé e esperança que sua família tinha de que ela se recuperaria totalmente.

Depois do ensino médio, Scott se mudou para Nova York para continuar sendo músico e frequentar a faculdade na Universidade de Nova York. Sua banda nunca chegou a ser muito conhecida e, apesar de ter se formado em comunicação, ele não era fã de estudar. A rebelião tomou conta e Scott se tornou um promoter de boates noturnas. Ele se destacou como um grande organizador de festas. Ele conseguia fazer as pessoas certas aparecerem nos bares certos e pagarem quinhentos dólares em garrafas de vodca de vinte dólares só para impressionarem os amigos. Scott era tão bom nisso que as marcas de bebidas notaram. Pouco tempo depois ele passou a receber dois mil dólares por mês para beber Bacardi ou Budweiser em público e nas festas porque essas marcas queriam que ele fosse visto bebendo seus produtos. Durante os dez anos seguintes, Scott continuou a frequentar festas luxuosas para o deleite da MTV, VH1, Bacardi e *Elle*. Ele pegou todos os vícios imagináveis que vinham com essa vida em boates, mas ele foi bem-sucedido no que fez.

Entretanto, por volta de seu 28º aniversário, uma viagem de fim de semana à América do Sul mudou para sempre o rumo de sua vida. Era véspera do Ano Novo de 2004, e ele estava hospedado em uma casa alugada, com empregados e cavalos, acendendo fogos de artifício no quintal e festejando como um louco — de acordo com o tipo de vida que levava naquele momento. Antes da viagem, seu pai lhe havia dado um livro espiritual que ele queria que Scott lesse enquanto viajava. Relutantemente, Scott começou a ler. O livro o pegou completamente de surpresa, lembrando-o de sua juventude e de sua educação religiosa. Foi também um tapa na cara porque mostrou a Scott que ele havia se tornado a pessoa mais fracassada espiritualmente, emocionalmente e moralmente que conhecia. Aquela versão dele não era quem ele realmente era. Na verdade, era o extremo oposto da pessoa que ele queria ser.

Quando Scott voltou para Nova York, ele estava determinado a fazer uma mudança. Ele deixou a vida noturna e começou a se candidatar a várias organizações humanitárias, com a intenção de servir aos pobres e encontrar a si mesmo. Mas ele foi negado por todas elas. Além disso, Scott estava falido. Ele tinha gastado todo o dinheiro remanescente da época de promoter. Enquanto procurava alguém que o contratasse para fazer o bem, ele descobriu Mercy Ships, uma organização humanitária que oferecia assistência médica gratuita nas nações mais pobres do mundo através de um navio. Eles disseram a Scott que se ele lhes pagasse quinhentos dólares por mês, poderia se juntar à organização. Ele não seria capaz de se voluntariar para sair de sua antiga vida — ele literalmente teria que pagar por seus pecados em dinheiro para obter a absolvição.

Isso não importava. Scott decidiu que se endividaria para fazer isso acontecer porque estava empenhado em mudar de vida. Juntar-se à Mercy Ships foi o primeiro passo real nessa jornada. Scott se tornou fotojornalista deles, tirando fotos de tudo o que a Mercy Ships fazia.

Seu novo trabalho o levou diretamente para as entranhas de algumas das piores condições de vida humana da Terra. Foi um pouco mais "real" do que Scott havia imaginado. Ele tentou deixar o navio após apenas uma semana. Ele achava que não seria capaz de passar nem mais um dia, muito menos um ano. Um dos médicos-chefes do navio veio até ele e disse-lhe para ser forte. Ele tinha se proposto a fazer aquilo e teria que aprender a lidar com histórias difíceis. Scott relutantemente concordou em ficar, e isso acabou sendo uma bênção. O navio o apresentou a um mundo e a habilidades que ele nunca havia conhecido. Ele descobriu em primeira mão que muitas comunidades não tinham acesso a uma assistência médica adequada. Elas estavam assoladas por doenças e enfermidades que serviços médicos básicos podiam facilmente tratar ou prevenir. Ele havia passado de uma vida confortável em Nova York para as duras realidades e condições decrépitas de países de terceiro mundo, mas viu o poder da cura e a esperança que o navio levava para os oprimidos. Ele queria relatar essa história — cada parte dela — em palavras e fotos.

Durante os dois anos seguintes, ele se tornou o cronista e fotógrafo do navio *Mercy* e navegou pela costa da África, tirando mais de sessenta mil fotos para a organização. A missão de Scott no *Mercy* era dar um rosto às 1,2 bilhão de pessoas do mundo que vivem na pobreza, capturando seus rostos com uma câmera.

Ao continuar documentando esse sofrimento, ele descobriu que uma das principais razões pelas quais as doenças ocorriam era porque as comunidades estavam bebendo água contaminada. Com o tempo, ele deduziu que a falta de água limpa era o maior obstáculo que os pobres do mundo enfrentam. Esse fato despertou algo dentro dele. Scott sabia que iria levar uma vida dedicada ao próximo pelo resto de seus anos neste planeta, e sua missão passou a ser resolver esse problema. Ele queria desesperadamente compensar os dez anos que havia desperdiçado consigo mesmo e estava determinado a garantir que nenhum homem, mulher ou criança tivesse que beber água que pudesse deixá-los doentes ou mesmo potencialmente matá-los.

Durante uma de suas viagens de volta a Nova York, enquanto ainda trabalhava com a Mercy Ships, uma ideia começou a tomar forma quando Scott estava sentado em um clube e alguém lhe pagou uma margarita de 16 dólares. No início, ele ficou ofendido por um amigo gastar tanto dinheiro em um drink depois de tudo o que tinha visto, mas, depois, o lado promoter de sua mente entrou em ação, e ele viu uma oportunidade — se seus amigos gastavam dezenas de dólares em bebidas, imagine o que eles gastariam se pudessem ver o que esse dinheiro poderia fazer por uma aldeia na África!

Ele continuou a trabalhar mais um ano com a Mercy Ships e, ao retornar a Nova York, Scott decidiu fazer algo em que ele era especialista: dar uma grande festa para seu 31º aniversário em uma boate ainda não inaugurada, que logo seria um dos pontos mais populares da cidade. Dessa vez, porém, em vez de deixar as pessoas lhe pagarem bebidas ou trazerem presentes, ele pediu a seus amigos que doassem vinte dólares para participar da festa e disse-lhes que aquele dinheiro iria para a perfuração de poços na África. Ao final da noite, eles haviam levantado 15 mil dólares, e cem por cento desse dinheiro foi destinado à construção de três novos poços e ao conserto de outros três quebrados em um campo de refugiados no norte de Uganda, onde havia trinta mil famílias deslocadas e quase nenhuma água potável.

Naquela noite, nascia a Charity: Water. A festa do 31º aniversário de Scott foi em 2006 e, desde então, a organização arrecadou mais de 95 milhões de dólares de cinquenta mil pessoas e ajudou a financiar mais de 17 mil em 24 países, beneficiando mais de 2,5 milhões de pessoas.

O QUE LEMBRAR DA ABORDAGEM DO SCOTT

A habilidade única de Scott de combinar o desespero da crise mundial da água com a esperança de uma mudança positiva fez com que ele e a Charity: Water se tornassem incrivelmente memoráveis. Ele mantém as coisas simples quando fala sobre o problema que está resolvendo, a solução que está oferecendo e a visão para o que é possível. Ele cria um gancho emocional através de histórias convincentes que entretêm e envolvem o público durante horas a fio e o levam à ação.

Nunca vou esquecer a primeira vez que ouvi Scott falar em um evento da Charity: Water em Austin, Texas. Fiquei completamente cativado por sua história. Ele conquistou o público inteiro através dos altos e baixos de sua jornada pessoal e compartilhou como essa jornada levou ao nascimento e à evolução de sua entidade sem fins lucrativos. Ao final de seu discurso, todos nós tínhamos um poderoso sentimento de otimismo de que cada um de nós poderia fazer a diferença na vida de vilarejos inteiros ao redor do mundo.

Após o evento, conheci Scott e tive a oportunidade de filmá-lo para um projeto. Consegui ver em primeira mão sua habilidade única de criar um gancho emocional através de histórias convincentes. Scott constantemente deixa uma impressão poderosa ao compartilhar as emoções cruas de suas experiências — sejam do seu passado turbulento, da transformação que ele passou ou do impacto que sua entidade sem fins lucrativos tem sobre a vida das pessoas.

Scott descreve as missões e ações da Charity: Water e pinta uma visão de futuro com uma facilidade e elegância que você não associaria a uma pessoa que está tentando mudar o mundo. Ele dissemina a informação de que água suja mata mais pessoas em um ano do que todas as guerras do mundo juntas, e que uma em cada dez pessoas neste planeta não tem acesso à água potável. Ele explica o enorme problema global que a Charity: Water enfrenta, compartilha suas soluções e faz com que seja incrivelmente simples se envolver. Até mesmo seu slogan é fácil de compreender: *Water Changes Everything* [A água muda tudo].

Scott e sua equipe estão constantemente criando conteúdos para contar histórias convincentes e estimulantes que trazem admiração e fascínio pelo impacto que estão causando em vários locais espalhados pelo mundo. Esse fator de admiração torna as histórias de Scott e da Charity: Water muito mais memoráveis.

CAPÍTULO SETE

SUPERANDO O FATOR "E DAÍ?"

NÃO IMPORTA QUÃO BOA SEJA UMA HISTÓRIA, ELA DEVE levar o público a superar o fator "e daí?". Quando você compartilha sua história empresarial, um público sempre filtrará, consciente e subconscientemente, as coisas às quais presta atenção. Eles vão se perguntar: "Por que eu deveria me importar? Como isso afeta meu mundo? E o que isso tem a ver comigo?"

Todo pai acredita que seu recém-nascido é o mais bonito e o mais precioso bebê do mundo, e todo empresário acredita de todo coração que seu negócio é a coisa mais importante que está acontecendo no momento. A realidade é que, se você colocar duzentos bebês em uma fila, o seu será muito parecido com os outros. O mesmo se aplica às empresas iniciantes e aos novos conceitos de produtos.

Se você ler reportagens sobre cerca de cinquenta novas empresas, todas elas parecerão soar da mesma maneira. Amy Cosper, que foi editora-chefe da revista *Entrepreneur* por nove anos, compartilhou comigo que recebia quase trinta pitches por dia quando gerenciava a revista, mas apenas alguns eram considerados e um número ainda menor chegava a ser publicado. A maioria dos investidores-anjos e capitalistas de risco com quem falei recebem entre quinhentos e mil pitches por ano, mas só investem em quatro ou cinco negócios por ano. A Media Dynamics publicou um estudo que descobriu que estamos expostos a uma média de 360 mensagens por dia, mas respondemos/reagimos apenas a uma fração desses anúncios, isso se respondermos.[18] Todos os anos, como assessor da SXSW Interactive[19], eu analiso centenas de candidaturas para participar de painéis de especialistas e para concorrer a premiações, mas voto apenas em um punhado de candidaturas que realmente me interessam, com base nos critérios que a organização quer que sejam julgados.

O que tudo isso significa é que não apenas sua história precisa se destacar quando você finalmente estiver diante do público-alvo, como também precisa ser instigante o suficiente superar o fator "e daí?". Sua história precisa ter um elemento especial ou características específicas que realmente importem para seu público-alvo, de modo que ele seja influenciado a agir assim que exposto à sua história.

Pense desta forma. Quando foi a última vez que você foi convidado e compareceu a uma cerimônia de formatura de alguém que não era um membro da família, amigo íntimo ou relacionamento importante? Quando você vai a uma formatura, a probabilidade é de que esteja indo para apoiar alguém próximo. Ninguém vai a uma cerimônia dessas para se divertir, a menos que a Oprah seja a oradora principal. A maioria das pessoas não tem interesse na cerimônia de formatura em si porque não é muito interessante e não há nada direcionado a elas nesses contextos. Entretanto, uma boa história pode convencer um público de que sua formatura é a melhor cerimônia que já existiu. Você pode fazer com que as pessoas se importem tanto a ponto de acreditarem que a Oprah estará lá.

Ao aproveitar um ou mais dos seguintes elementos, sua história pode superar o fator "e daí?".

---

18. Media Dynamics Inc., "America's Media Usage Trends & Ad Exposure: 1945–2014," 22 de setembro de 2014, https://www.mediadynamicsinc.com/uploads/files/PR092214-Note-only--150-Ads-2mk.pdf.

19. South by Southwest (SXSW) é um evento anual que engloba festivais de cinema, música e tecnologia que acontece no Texas, EUA. [N.E.]

O "ANTES E DEPOIS"

Uma das formas mais eficazes de superar o fator "e daí" em audiências é usar exemplos de "antes e depois" dentro de sua história. Estes podem vir na forma de fotos, vídeos, gráficos, ou simplesmente descrições vívidas. Os exemplos de "antes e depois" são uma ótima maneira de se conectar com o público. Ao ilustrar uma melhoria de alguém ou algo, o público ficará intrigado.

Um grande exemplo e uma referência fácil de aprender o poder do "antes e depois" são os programas de televenda. Se você já ficou acordado até tarde da noite ou acordou cedo demais em um fim de semana e ficou procurando algo na televisão, já assistiu a alguns infomerciais e provavelmente comprou algo no processo. Eles podem ser bregas, mas os infomerciais ainda estão na televisão hoje quase setenta anos depois de começarem porque são muito eficazes em convencer as pessoas a agirem.

A maioria desses infomerciais apresenta produtos que prometem mudar sua vida. Podem apelar para a perda de peso ou aquisição da boa forma física, ou falam de algum tipo de utensílio de cozinha ou ferramenta de jardinagem que vai lhe poupar todo tipo de tempo desperdiçado nos processos comuns. Enquanto esses programas falam sobre os benefícios dos produtos, eles mostram fotos convincentes de "antes e depois". Por exemplo, com um produto de fitness, eles apresentam uma foto que diz, "Aqui está como eu era antes de iniciar o programa" e outra foto que diz, "Aqui está como eu fiquei dez semanas depois".

Muitas vezes, essas fotos são acompanhadas de frases como "Recuperei minha vida", ou "Perdi dez quilos". Seja o "antes e depois" estritamente visual ou acompanhado de estatísticas, ele retrata como a vida pode mudar depois da aquisição do produto ou envolvimento com o negócio.

Tony Horton ajudou a construir um império fitness de quinhentos milhões de dólares ao fazer com que as transformações corporais de cada cliente em seus "antes e depois" virassem histórias que ele pudesse contar muitas vezes. Até seu próprio corpo virou um cartaz ambulante e uma história personalizada para seu negócio.

Quando estava na quinta série, Anthony (Tony) Sawyer Horton já havia se mudado sete vezes. Ele era constantemente intimidado devido ao seu status de criança nova no bairro, sua dificuldade de fala e sua constituição corporal não atlética. Quando adolescente, ele começou a praticar esportes para ajudar a melhorar sua baixa autoestima, mas, com apenas 45 quilos, o treinador constantemente gritava e brigava com ele durante a prática de exercícios e colocava-o no banco na maioria dos jogos. Na faculdade, Tony estudou teatro, esperando que isso melhorasse sua fala. Durante esse tempo, ele foi informado de que, se estivesse em boa forma, poderia conseguir papéis em Hollywood. Tony se matriculou em aulas de levantamento de peso e teve a sorte de ter um professor que tornava a aula divertida e empolgante. Ele logo descobriu uma profunda paixão pelo aprimoramento do condicionamento físico e amou os resultados tangíveis que vinham com a disciplina e ética de trabalho focadas na academia. Faltando apenas alguns créditos para obter um diploma universitário e com apenas quatrocentos dólares em seu nome, Tony foi para Hollywood para ir atrás de seu sonho de ser ator. Quando chegou lá, passou dias dormindo no chão do apartamento de um amigo e sobrevivendo à base de biscoito e iogurte. Ele trabalhou como faz-tudo, jardineiro, dançarino, comediante de stand-up, garçom e mímico para poder pagar as contas.

Durante todo o tempo, Tony continuou a mergulhar mais fundo no mundo fitness. Ele ingressou na mesma academia que Arnold Schwarzenegger treinava e estudou intensamente os fisiculturistas e as técnicas dos outros atletas na academia. Ele procurou maneiras de evitar o físico volumoso e não flexível de um fisiculturista e se concentrou em rotinas que o levariam a um corpo mais magro e equilibrado, ideal para velocidade e flexibilidade. Ele se tornou tão bom em moldar seu próprio físico que as pessoas começaram a perguntar a Tony se ele também poderia treiná-las. Ainda sonhando em atuar, Tony fez um teste para um papel em Hollywood e conheceu Carl Daikeler, um veterano produtor de infomerciais. Carl contratou Tony para ser seu treinador pessoal, e Tony surpreendeu Carl totalmente depois de apenas três meses trabalhando com ele. Carl viu mudanças em seu corpo que ele nunca pensou serem possíveis e concluiu que Tony havia criado um programa de treinamento revolucionário que poderia ser vendido para outras pessoas. Nos anos seguintes, Carl ajudou Tony a transformar seu treinamento pessoal em um programa de treinamento de noventa dias em DVD e a produzir um infomercial. Esse programa foi chamado de treino P90X e dependia muito das fotos e histórias do "antes e depois" para vender os produtos.

Hoje, o P90X é o programa de melhoria do condicionamento físico mais vendido na América e gerou mais de setecentos milhões de dólares em receita, vendendo mais de quatro milhões de cópias desde seu lançamento. Desde então, Tony escreveu dois livros, apareceu em quase todos os meios de comunicação do mundo fitness e se tornou um dos ícones fitness mais reconhecidos do mundo, devido, em grande parte, à sua capacidade de apresentar histórias de transformação demonstráveis em forma de "antes e depois".

AS CONSEQUÊNCIAS DA AÇÃO OU INAÇÃO

Outro método eficaz para superar o fator "e daí" é introduzir consequências. Quando o público sentir que as consequências de suas ações levarão a um resultado positivo, ou que as consequências de suas inações levarão a um resultado negativo, ele escolherá prestar atenção.

As consequências ajudam a aumentar a importância da ação ou inação porque o público muitas vezes não sabe o que está perdendo ou o que precisa evitar. Demonstrar as consequências é algo que tira proveito do desejo natural do ser humano de evitar perder algo ou impedir que algo ruim aconteça. Isso pode ser tão simples quanto atacar a vulnerabilidade cada vez mais popular das pessoas com a síndrome de FOMO (*fear of missing out* — medo de perder algo/medo de ficar de fora), ou pode ser tão profundo quanto dizer: "Ao agir, isso pode literalmente salvar sua vida."

As consequências da ação ou inação afetam o fator "e daí?" porque há um custo ou benefício revelado pela história que tem significado para o público. Quando Carley Roney fala sobre o motivo pelo qual ela começou o The Knot, ela fala sobre sua experiência de casamento terrível que se desencadeou por ela não ter uma boa maneira de planejar seu casamento ou acesso aos recursos de que precisava para garantir que o dia fosse incrível. Ao compartilhar sua experiência pessoal, ela está comunicando algo como "use The Knot para que seu casamento não termine como o meu". Quando Blake Mycoskie fala sobre os sapatos TOMS, ele basicamente diz que "se você comprar um par dos meus sapatos, uma mãe na Argentina não terá mais que decidir qual criança pode ir à escola e qual terá que ficar em casa por falta de sapatos".

Com Tony Horton e o P90X, suas promoções e comerciais se concentram na ação imediata. Você pode estar em forma, aproveitar mais o dia, ter mais energia e se sentir melhor em apenas noventa dias — tudo o que você precisa fazer é começar agora. Ele pode fazer referência ao fato de que seu estado sedentário atual o torna mais sujeito a doenças e lesões. Se você não agir agora, seu desconforto atual pode facilmente se transformar em dor crônica. Ao agir agora e seguir seu programa, você pode mudar tudo isso e começar o caminho para atingir um corpo mais saudável e em forma, que o levará a uma vida mais feliz e longa.

CRIANDO UM SENSO DE URGÊNCIA

Semelhante ao apelo à ação feito pelos infomerciais, dizer "aja agora — oferta por tempo limitado" cria um senso de urgência no público. Se o público sentir que tem o controle de um negócio ou informações que podem mudar a vida de outras pessoas, ele irá compartilhar com seus amigos e familiares. Essas pessoas podem se tornar mensageiros poderosos de uma história e alcançar públicos que não podiam ser alcançados na ocasião em que a história foi contada.

A oportunidade não precisa ser comunicada especificamente em termos como "esta oferta termina em 24 horas", podendo ser mais geral. Frases como, "Por que esperar? Este curso sobre storytelling empreendedor vai mudar o seu negócio agora" funcionam em um sentido mais amplo.

Se o público-alvo for de investidores, informações urgentes podem ser declaradas, como por exemplo: "Há uma mudança no setor em andamento. Em breve, outras pessoas estarão entrando no espaço. Há uma janela de cerca de 12 meses antes que outras empresas comecem a ver a oportunidade aqui. Podemos mudar o mercado juntos e nos posicionar como líderes de mercado."

Ben Silbermann, fundador do Pinterest, costuma falar da paixão dos colecionadores ao descrever sua visão para os primeiros usuários obstinados. Eram pessoas que estavam procurando o Santo Graal em forma de solução para mostrar suas coleções. Ao direcionar o desejo delas de compartilhar coisas das quais estavam profundamente orgulhosas, ele criou um senso de urgência. Ben sabia que, assim como ele, as pessoas estavam procurando uma maneira de mostrar seu trabalho árduo de um modo que fosse visualmente estimulante, em um meio online, da mesma forma que as coleções físicas. Para muitos, esse era seu meio de vida ou hobby fundamental, e fornecer esse outlet que é o Pinterest deu aos colecionadores um veículo imediato que poderiam usar para mostrar suas paixões.

Ele também sabia que as pessoas estavam procurando ideias para coisas que têm um senso de urgência e que exigem repostas imediatas, como um casamento próximo, redecorar um quarto em um fim de semana, a melhor receita de chili picante ou o que levar em um acampamento. A história de Ben e do Pinterest levou às pessoas o poder de pesquisar ativamente as respostas para um problema de forma mais eficaz do que uma pesquisa padrão do Google, usando as coleções de respostas visuais que passaram por curadoria.

No caso de Blake Mycoskie, ele deixa claro que o simples ato de comprar hoje um par de sapatos da TOMS proporciona a uma criança um par de sapatos amanhã. Por causa de sua compra, imediatamente no dia posterior, uma criança poderá ir a pé para a escola ou ajudar sua família no campo. A história da TOMS centra-se no que você pode fazer agora e que terá um impacto dramático na vida de alguém em algum lugar do mundo amanhã.

HISTÓRIA DO FUNDADOR: TONY ROBBINS

Um dos melhores empreendedores que já vi fazer um público se importar com o que está sendo dito e tornar o assunto relevante para todos que estão ouvindo é Tony Robbins. Ele exemplifica todos esses fatores — "antes e depois", magnitude da mudança, consequências da ação ou inação e oportunidade de ação — mais do que qualquer outro. Ele é o mestre em superar o fator "e daí?" e é um dos melhores contadores de histórias do planeta. Tony tem uma habilidade incrível de comunicar sua história de uma maneira que você sente que sua vida pode mudar imediata e dramaticamente ao participar de um de seus seminários, fazer um de seus cursos ou ler seus livros. Eu tinha ouvido falar dele, lido seus livros, assistido seus vídeos e até mesmo feito alguns de seus cursos online, mas foi só depois de vê-lo falar em um evento ao vivo e conhecê-lo pessoalmente que entendi seu verdadeiro poder.

Depois de consumir tanto de seu conteúdo e me deleitar com sua habilidade de contar histórias, eu queria ver como ele era pessoalmente, então, decidi assistir a uma de suas sessões chamadas *Unleash the Power Within* [Liberte o poder interior], em Dallas, Texas. Uma das coisas que lembro claramente sobre o evento é que, quando Tony Robbins falou, fiquei tão hipnotizado e intrigado que me peguei correndo de volta para o meu assento após uma ida ao banheiro, porque não queria perder um minuto de sua apresentação. Vê-lo contar história após história por 12 a 16 horas seguidas, sem fazer uma pausa, me surpreendeu. Sua capacidade de se relacionar com o público e fazê-lo sentir que tudo o que ele está discutindo naquele momento é a coisa mais importante de todas é surpreendente. Ele torna tudo o que sai de sua boca relevante e pessoal para quem está ouvindo.

A infância de Tony foi extremamente difícil. Na época em que estava no ensino médio, sua mãe já havia se casado três vezes, e vários dos companheiros dela eram alcoólatras e viciados em remédios. Ele foi açoitado com cabides. Ele teve sua cabeça imprensada contra a parede. Na escola, ele era um garoto pequeno e magrelo que apanhava o tempo todo. Ele não tinha interesse em esportes, mas começou a escrever sobre eles. Ele rapidamente se destacou como escritor e, por sorte, um de seus artigos foi publicado pela revista *Time*. Isso o levou a conseguir um emprego em uma estação de TV local. Sua mãe, no entanto, não o queria longe de casa e o fez desistir.

Aos 15 anos, ele teve um surto de crescimento e cresceu dez centímetros em um ano. A altura recém-adquirida deu-lhe confiança para se aplicar na escola e ele se tornou o presidente da classe. Novamente, sua mãe ficou chateada porque ele nunca ficava por perto, então ela o fez renunciar ao cargo. Nesse ponto, ele fugiu de casa para morar com um amigo e trabalhou na empresa de seu tio como zelador, até que sua mãe fez com que ele fosse demitido, obrigando-o a morar com ela novamente. Quando tinha 17 anos, na véspera de Natal, sua mãe o expulsou de casa com uma faca, ameaçando matá-lo. Ele sabia que ela não queria fazer aquilo, mas ele nunca mais voltou.

Depois do ensino médio, ele viu um anúncio no jornal sobre uma vaga de emprego que oferecia quinhentos dólares por semana para vendedores de assinaturas de clubes de música de porta em porta. Ele rapidamente descobriu que era um excelente vendedor. Finalmente, a Senhora Sorte estava começando a sorrir para ele. Um de seus clientes percebeu seu entusiasmo natural e o apresentou a Jim Rohn, que estava na vanguarda da indústria de desenvolvimento pessoal e palestras motivacionais. Jim ensinou a Tony tudo sobre seminários e palestras e sobre como vender para empresas em toda a cidade. Jim gostou tanto da rapidez com que Tony apreendia as coisas que o ajudou a montar seu próprio escritório. Pouco tempo depois, ele estava ganhando dez mil dólares por mês aos dezenove anos. Ele estava ganhando muito dinheiro, mas seus amigos na época ficaram com inveja e pararam de querê-lo por perto.

Sem saber como lidar com a situação, ele passou a gastar além de suas possibilidades, tentando comprar o amor de todos e satisfazer suas necessidades. Apesar de tudo que aprendeu sobre tentar ser feliz, ele sabotou a si mesmo e ao seu negócio. Ele parou de comparecer às reuniões com sua equipe e o negócio literalmente desmoronou. Seu escritório foi fechado e logo ele estava falido, deprimido e sem esperança. Em três meses, ele ganhou 38 quilos e não queria ver ninguém. Tony estava em uma espiral descendente, trancado em seu apartamento, com medo de que alguém aparecesse para cobrar o pagamento de contas atrasadas.

Um dia, ele decidiu sair para correr perto da praia. Estava ouvindo música e começou a analisar por que estava acima do peso, infeliz e sem dinheiro. Depois de muita contemplação, Tony percebeu que poderia usar essas emoções negativas para alimentar seu desejo de mudança. Ele voltou daquela corrida e jurou refazer tudo em sua vida. Ele não queria mais se contentar com pouco e escreveu em um papel aquilo com que estava comprometido — dinheiro, saúde, negócios, relacionamentos. Ele decidiu que queria criar a vida que merecia ter e começou a mudar tudo — seus amigos, as coisas que fazia e os compromissos que assumia consigo mesmo. Ele pegou tudo o que aprendeu com Jim Rohn e as lições que estava aprendendo em seu próprio caminho e reuniu tudo em uma fórmula.

Ele começou a dar seminários gratuitos e sessões de coaching até reunir uma audiência. À medida que mais pessoas começaram a frequentar suas atividades gratuitas, ele começou a cobrar por elas e aumentar a duração de horas para dias. Ele fazia sessões de três horas por sessenta dólares por dia e workshops de três dias por trezentos dólares. A sessão pela qual paguei foi de mil dólares por quatro dias. Existem outros cursos premium que duram uma semana e custam de dez a quinze mil dólares. Hoje, contabiliza-se que mais de quatro milhões de pessoas já participaram de seus seminários e cinquenta milhões de pessoas compraram seus livros. Seus DVDs estão disponíveis em 24 países.

Tony Robbins é um palestrante e proprietário de empresa de grande destaque e sucesso nos Estados Unidos, e há um bom motivo para isso. Suas mensagens poderosas são narrativas pessoais instigantes que qualquer um pode usar como inspiração para obter controle sobre sua vida e fazer as mudanças que deseja. Cada história que ele conta tem o objetivo de falar com o ouvinte de uma forma que tenha significado pessoal. Ele tem a capacidade de transformar cada história em uma história identificável por qualquer um, sinalizando algo que você deseja mudar, seja nos negócios ou na vida pessoal. Ao sair dos eventos dele, ficamos com vontade de convidar todos que conhecemos para ir vê-lo, porque queremos que sintam o que sentimos com os ensinamentos de Robbins.

A habilidade de contar histórias de Tony Robbins é uma das mais singulares que eu já vi e destrói completamente os fatores "e daí?" e "por que eu deveria me importar?". Ele mergulha fundo em cada experiência que compartilha sobre sua vida pessoal e relata os cenários de "antes e depois" e as consequências que enfrentou — boas e más. Sua vulnerabilidade cria histórias memoráveis que ficam com você por anos. Essas histórias criam um gancho emocional em cada tópico que ele aborda, ao mesmo tempo que ilustram as consequências que podem acontecer com você se deixar que a vida o oprima. Ele traz paixão e reverência a cada experiência que compartilha para que você queira agir imediatamente. Não importa se você participa de um seminário ou compra um livro ou DVD, Tony Robbins irá te tocar em algum nível.

CAPÍTULO OITO

CRIANDO SUA HISTÓRIA

AGORA QUE VOCÊ ENTENDE OS FUNDAMENTOS e os elementos-chave que constituem uma história de empreendedorismo bem-sucedida, é hora de criar a sua própria história. Se isso parece assustador, tudo bem. Você não está sozinho. Um grande número de pessoas com quem trabalho não tem certeza de qual história deveria estar contando, fica confuso sobre onde começar o processo ou teme que sua história simplesmente não seja suficientemente boa. Isso pode parecer um clichê, mas é verdade: todo fundador tem uma história que vale a pena ser contada. Todos nós já tivemos coisas incríveis, trágicas e loucas que aconteceram em nossas vidas, e há muitas maneiras de relacionar uma experiência que você teve na vida com seu negócio. Você é único, e suas experiências únicas são os recursos que criarão uma história incrível. Quase todo empreendedor de sucesso que já filmei usa uma experiência pessoal para criar sua história de negócios.

Carley Roney poderia ter guardado para si a terrível experiência de seu casamento, mas ela a compartilhou com outros, e isso se tornou um dos maiores cartões de visita para seu negócio. Sua experiência transformou o The Knot em uma marca incrível. Imagine se Howard Schultz tivesse simplesmente tirado uma foto das cafeterias na Itália e voltado para casa para trabalhar na venda de grãos de café. Se ele nunca tivesse compartilhado sua experiência do terceiro lugar, a cultura do café como a conhecemos hoje poderia ser completamente diferente.

Quando você torna a história pessoal e compartilha algo que realmente lhe interessa, isso abre uma oportunidade de se conectar com seu público em um nível mais profundo. Se fizer isso corretamente e com o público certo, essa conexão pessoal permite que você aproveite sua história para ajudá-lo a obter o que precisa. A beleza do meu sistema é que você pode levar suas experiências significativas, destilá-las até os níveis mais poderosos e pertinentes ao seu negócio e usá-las como base para criar sua história empresarial.

CONSTRUINDO SEU INVENTÁRIO DE HISTÓRIAS

Antes de começar a escrever sua história, você precisa construir o inventário adequado para ter tudo à sua frente para criar uma *grande* história. Eu chamo este inventário de patrimônio. Os bens desse patrimônio são como os ingredientes de sua receita favorita. Se você estiver organizando um jantar de Natal, não pode simplesmente comprar um peru e dizer que fez o que precisava fazer; é preciso reunir todos os vegetais, carnes e temperos para fazer a refeição adequada. Isso é o que você fará quando criar um inventário de histórias.

Os fundamentos de sua "refeição" são baseados em coisas que fazem referência à experiência que você deseja compartilhar. Cada experiência tem um conjunto de eventos, lugares, memórias, ideias, coisas, fatos, pessoas ou datas. Quanto melhor for a qualidade dos ingredientes, ou bens, melhor será o produto final. Os grandes chefs concordam que os ingredientes certos fazem uma refeição incrível.

HISTÓRIA CRONO

Se você não tem certeza sobre a experiência que deseja usar como pedra angular de sua história, recomendo construir uma história cronológica, ou o que eu chamo de história CRONO. A maneira mais simples de pensar sobre isso é imaginar um esboço da biografia de sua vida, enquanto pensa como ela se relaciona com seu negócio. Se você fosse fazer uma biografia sobre si mesmo, por onde começaria?

Quando estou desenvolvendo uma série de empreendedorismo para o horário nobre de uma rede de TV, um vídeo sobre o perfil de um fundador para uma revista, ou um vídeo de história de origem para o site de um fundador, normalmente construo uma história CRONO como parte do processo de pré-produção.

Começo com a data e local de nascimento, e depois a decomponho em componentes principais: infância, crescimento e a fase de educação formal. Em seguida, olho para a vida desses fundadores a partir do momento em que saíram da universidade — primeiro emprego, grandes mudanças em sua vida profissional, títulos e outros eventos importantes que podem ter impactado seus negócios ou vida pessoal. Isso inclui mudanças de carreira, casamento, seu primeiro lar, hobbies, o livro que eles mais lembram, seu primeiro filho (se tiverem filhos), seu primeiro cão (se não tiverem filhos). Qualquer coisa que represente uma experiência memorável em sua vida e que possa ter tido um impacto nos negócios entra na história CRONO.

Você pode usar um processo semelhante para si mesmo para ajudá-lo a começar. Olhe para sua vida, da infância à escola, ao casamento e ao primeiro emprego — todos os principais eventos da vida que o levaram ao ponto em que você se encontra agora em sua carreira profissional. Você não precisa ser muito detalhista, mas pense como e por que um determinado evento teve um impacto significativo em seu negócio. Tudo isso pode fazer parte de seu inventário. Anote!

O modelo de história CRONO está disponível online (http://storytellingforentrepreneurs.com/resources/[20]). Ele fornece perguntas e subdivisões de seção para ajudá-lo a começar a criar sua própria história CRONO.

Não é necessário ficar alarmado ou assustado — eu não necessariamente faço esse processo completo com todo empreendedor ou projeto,

20. Conteúdo em inglês. [N.E.]

mas é uma ótima ferramenta para ver os vários pontos de sua vida a partir de uma visão panorâmica, para que você possa encontrar as partes importantes da história).

Pode haver muitas coisas que você queira acrescentar ao seu inventário aqui, ou pode haver poucas. De qualquer forma, não se preocupe com isso. Nesta etapa do processo de construção do inventário, qualquer volume é bom. Não se preocupe com o que você deve ou não colocar nesse primeiro momento. Em vez disso, pense nos eventos e experiências de sua vida que têm um forte significado. Podemos acrescentar detalhes mais tarde.

Durante esse processo, uma das minhas coisas favoritas a fazer é colocar todos os eventos em ordem cronológica em um documento Word. Depois, migro essas informações para um documento PowerPoint, porque gosto de cortar e editar dados e mover slides livremente. Gosto de poder ver tudo, e o método me ajuda a entender visualmente para onde as coisas devem ir. Recomendo que você elabore do modo que faça mais sentido para você. Se for através de blocos de nota, um quadro branco ou um diário, tudo bem. Como os cozinheiros iniciantes, é bom ter tudo preparado antes de iniciar o processo. Você deve reunir todos os ingredientes e utensílios antes de cozinhar uma refeição. Não é preciso muitos ingredientes para fazer uma ótima refeição, mas ajuda ter uma boa prateleira de temperos, algumas proteínas, verduras, uma faca decente e a panela certa. Assim, você não só cozinhará perfeitamente e proporcionará um ótimo sabor, mas também ficará nutricionalmente satisfeito e saciado.

ESCOLHA UMA EXPERIÊNCIA

Lembre-se de que a pedra angular da história empresarial é uma experiência. Olhe para sua história CRONO e escolha a experiência que você quer usar como base para sua história. Para ajudá-lo a escolher essa tão importante experiência, pense no tipo de história que quer compartilhar também. Se você quiser compartilhar uma história de origem como a de Drew Houston com a Dropbox, então encontre a experiência que levou à criação do seu negócio. Se quiser compartilhar uma história de um momento "eureka" como a de Jen Groover e a Butler Bag, encontre esse momento em sua jornada. Se a história que você quer compartilhar é de uma experiência ruim, como o casamento de Carly Roney, que deu origem ao The Knot, vasculhe essa terrível lembrança. Se é uma descoberta de um "porquê" que deseja compartilhar, como Adam Braun e a Pencils of Promise, identifique o momento no tempo em que encontrou a razão pela qual você está fazendo o que está fazendo. Se optar por uma história de solução de problemas, como a história de Ben Silbermann e do Pinterest, pense no momento em que você encontrou uma solução para um problema que tinha. E se sua empresa está baseada em torno de uma *big idea*, como a Amazon de Jeff Bezos, então comece com essa experiência.

ORGANIZE SEU PATRIMÔNIO

Agora que você gerou e coletou todas essas informações sobre si mesmo, é hora de reuni-las de uma forma que faça sentido para você e para o mundo. Já estive nesse ponto centenas de vezes e sei que pode ser uma etapa um pouco desgastante, mas é aqui que entra em jogo o processo CRONO.

Para contextualizá-lo, deixe-me explicar como essa parte do processo surgiu.

Como produtor de vídeo, uma das minhas responsabilidades ao me organizar para filmar e entrevistar empresários é preparar as perguntas que serão feitas ao fundador. Muitas vezes eu me preparo como se estivesse estudando para um exame final e como se minha nota dependesse do sucesso da entrevista. Assim, passo incontáveis horas vasculhando recursos online e offline, tentando obter o máximo de informação possível sobre o empreendedor para saber quem, o que, por que, onde e como — para saber tudo sobre seu passado e de sua empresa. Isso é semelhante à construção de um inventário de histórias.

Para o meu processo, começo com um documento de pesquisa de fundo, ou BR3. Dei esse nome porque foram necessárias três iterações para acertá-lo, e meu assistente de longa data que me ajudou a formular o processo se chama Brett Randell — logo, BR3.

Este documento tende a ter cerca de sessenta a noventa páginas (dependendo da quantidade de dados disponíveis online e offline) e inclui uma ampla gama de fontes de informação, tais como website, página da empresa, Twitter, Instagram e Facebook. Incluo posts de blogs que eles fizeram, artigos escritos sobre eles e entrevistas em que apareceram. Também assisto aos vídeos disponíveis online e transcrevo alguns deles para incluir no BR3 se forem relevantes para a pesquisa. Se o tempo permitir, falo com pessoas que conhecem o fundador, tais como amigos, membros da imprensa e colegas de trabalho. Faço anotações em todas as etapas e acrescento ao BR3. Pode parecer complicado, mas não é tão difícil. É incrivelmente útil e rende enormes dividendos.

Em seguida, pego a infinidade de informações reunidas no BR3 e as utilizo para montar a linha do tempo e a história CRONO e entender como o fundador chegou ao ponto atual no tempo. Também incluo seções adicionais que falam de características, modelos de negócios e fatos interessantes. A ideia é reunir todo e qualquer elemento que possa contribuir para a história CRONO para proporcionar uma compreensão básica do que é relevante, bem como do momento atual da vida daquele fundador. Então, sou capaz de selecionar os elementos de sua história que se relacionam com uma experiência fundamental que posso usar para preencher as três partes e cinco segmentos da estrutura SoFE.

UTILIZANDO O SISTEMA SOFE

Esse processo é o que eu quero que você faça para organizar sua história pessoal. Aqui, você vai pegar sua história CRONO e usá-la para preencher a estrutura SoFE.

Com a história CRONO e a experiência selecionada para basear sua história, você pode começar a usar a estrutura SoFE para identificar os elementos básicos e organizar todos os seus patrimônios. A estrutura

SoFE deve ser sua amiga aqui. Usando a experiência que escolheu, pegue os bens distribuídos na história CRONO que se relacionam com a experiência e comece a colocar cada um em sua própria categoria. Ao final disso, todos os cinco componentes devem ser preenchidos.

A PREPARAÇÃO

Com a preparação, a intenção é descobrir o que, por que, onde, quando e como aconteceu aquela faísca inicial que o incentivou a fazer o que está fazendo. Pergunte a si mesmo:

- O que você estava fazendo antes de fundar sua empresa?
- Quando você iniciou a empresa?
- Como ela começou?
- Onde isso aconteceu?
- Para quem foi a oferta?
- Por que você está fazendo isso?

Essas perguntas podem ajudá-lo a juntar as peças que representam os eventos de fundo que vão começar a atrair as pessoas para sua história.

O INCIDENTE

A seguir, olhe para o incidente. O incidente é o evento, o problema ou a inspiração que teve um impacto dramático em você ou em sua ideia. Aqui você pode fazer a si mesmo estas perguntas:

- Qual foi a ocasião que mudou algo em sua vida?
- Qual é o problema que você está tentando resolver com sua ideia?
- Qual foi a inspiração que o catalisou e o levou a agir, que o colocou neste caminho?

O incidente engloba os momentos inesquecíveis de sua vida. Este evento de vida DEVE chamar a atenção de seu público e deixá-lo com uma sensação de "o que acontece a seguir?", porque você quer que ele continue ouvindo o resto de sua história. Quanto mais impactante for o incidente em sua vida, melhor você montará o resto de sua história. Talvez você tenha perdido seu emprego. Talvez algo tenha acontecido em sua vida que o tenha levado a repensar tudo que estava fazendo. Talvez tenha havido um fracasso massivo ou você tenha ficado incrivelmente frustrado com um problema que estava enfrentando. Talvez você tenha visto uma oportunidade incrível que ninguém mais tinha descoberto. Qualquer que seja esse momento, ele precisa ter impactado você de forma significativa para que seu público se relacione e entenda a dimensão desse impacto, quer você fale com todas as letras ou não.

O DESAFIO

Uma vez que você tenha recursos para a preparação e o incidente, você pode passar para a parte do meio da história. O primeiro componente dessa seção intermediária é o desafio. O desafio é o obstáculo (ou obstáculos) que você enfrentou. Estes podem ser contratempos, falhas ou dúvidas. Utilizando o mesmo processo de perguntas que usamos anteriormente, responda as seguintes:

- Que desafios você enfrentou?
- Quais obstáculos você superou?
- Que contratempos você enfrentou?
- Em que você fracassou?
- Quais são algumas das dúvidas que você teve que superar?

Quanto mais honesto, detalhista e introspectivo você for aqui, mais convincente será a sua história. Por exemplo, seu revés pode ter sido começar a trabalhar em uma ideia e ficar sem dinheiro. Você teve que vender seu carro, seus móveis e sua casa e voltar a morar com seus pais. Ou você apresentou sua ideia de trinta a quarenta vezes e recebeu "não" como resposta repetidas vezes. Pense na coisa que mais o assustava. Qual seria a coisa que você teme que outras pessoas descubram? Existe algo que o faz pensar "se alguém souber isso sobre mim, pensará que sou fraco"? Vasculhe os cantos de sua mente que mais o fazem se sentir vulnerável. Tudo isso dá revestimento para a história. Quanto mais fundo você for e quanto mais desconfortável você estiver escrevendo isso no papel, melhor. Nesta fase, ninguém vai ver o que você escreve. Ponha tudo para fora e escreva.

A MUDANÇA

Uma vez que você sinta que escreveu todos os obstáculos e contratempos, pode passar para a segunda parte do meio, que é a mudança. A mudança se refere à solução ou à epifania. A mudança é algo substancial que aconteceu depois de todos os desafios que você enfrentou. Pode ser um momento "eureka" que leva a história a uma parte importante, grandiosa, ou pode ser uma decisão que foi tomada por você ou tomada por outros, mas que afetou sua vida. Pode ser chamado de clímax, mas, na verdade, trata-se de um ponto de virada em sua história. Pode ser a coisa que causou uma correção de rumo em sua vida. Pode ser uma revelação que você teve depois de ter passado por todos os desafios ou obstáculos. Pergunte-se:

- Qual é a sua solução? (Tente mantê-la em uma ou duas frases).
- Por que este é um momento "eureka" ou epifania?
- Em quem isso vai causar mais impacto?
- Como esta ideia ou conceito vai mudar tudo?
- Como isto é significativamente diferente do que antes?

Talvez você tenha estado trabalhando em uma ideia e não tenha conseguido encontrar uma solução. De repente, você pensa: "Santo Deus! É isso aí. Esta vai ser a melhor coisa criada depois do iPhone."

O RESULTADO

Depois de terminar com a seção do meio, é hora de juntar tudo no final. Aqui é onde olhamos para o resultado. O resultado é o componente da história que mostra ao público que a mudança ocorreu e os deixa com a sensação que você quer que eles tenham. Por exemplo, a mudança pode ser algo como fechar seu primeiro negócio após meses de tentativas, e o resultado desse evento é uma transformação de vida. Ou talvez, depois de experimentar seu produto pela primeira vez, alguém compartilhe com você que não precisa mais tomar remédios para algo que antes o afligia. Seu produto fez com que essa pessoa se sentisse bem pela primeira vez em anos. Ouvir isso foi a confirmação de que você estava no caminho certo, levando-o a abandonar seu trabalho e a se dedicar a seu produto em tempo integral.

Aqui você pode fazer a si mesmo estas perguntas:

- Uma vez ocorrida a mudança, o que aconteceu com você?
- Quais foram os resultados dessa solução que você encontrou?
- Ou, depois que você tomou aquela decisão importante, o que aconteceu?

Tenha em mente que o resultado deve desencadear uma reação em seu público. Você quer deixá-los com aquele sentimento que os move a tomar uma decisão em seu favor. Quando as pessoas ouvem narrativas sobre momentos inspiradores de alguém chegando a um resultado que desencadeia uma emoção, elas pensam, "Uau, isso é incrível. Como posso me envolver?", ou "Eu quero apoiar isso", ou "Eu preciso compartilhar isso com outras pessoas". A chave é se concentrar em um resultado que crie um sentimento que deixará seu público com vontade de agir.

CRIE UM DEPÓSITO PARA O RESTO

Agora que você criou e organizou um inventário de experiências, datas, detalhes e outras informações seguindo o modelo SoFE, você pode descobrir que há mais informações que gostaria de acrescentar, mas que não se encaixam em nenhum dos componentes da estrutura SoFE.

Para esses bens, quero que você crie uma espécie de depósito de armazenamento. Esses extras são as coisas que você considera importantes, mas que estão à margem de sua história. Em vez de não os escrever, coloque-os neste "lugar" adicional, onde você poderá consultá-los posteriormente, se necessário. Esses bens podem ser anedotas engraçadas, ideias malucas, ou momentos, datas e lugares memoráveis. Algumas dessas coisas podem ser dados ou tendências de mercado, ou outros itens relacionados à sua história, mas sobre os quais você não tem certeza se devem fazer parte de sua história.

Nessa fase, eu quero que você hesite em jogar as coisas fora. Se acha que elas podem agregar valor à sua história ou serem usadas de alguma forma, guarde-as. Quero que continue reunindo os ingredientes para fazer aquela refeição inacreditável, e, se você começar a cortar as coisas agora, pode acabar jogando fora aquele tempero especial que faria toda a diferença no sabor final.

O depósito é importante porque permite que você adapte sua história mais facilmente. Quanto mais recursos você tiver, mais fácil será ajustar a história de acordo com o público. O depósito permite que você tenha um banco de dados cheio de material extra que você pode explorar com base no público que estiver abordando. Um potencial investidor se conectará a certos pontos da história e um potencial cliente a outros, assim como um potencial funcionário. Se você precisar melhorar ou aprofundar sua história, o depósito lhe dará um lugar para buscar diferentes recursos que você pode utilizar com base em quem é seu público e no tempo que você tem com eles.

Inevitavelmente, você terá a oportunidade de compartilhar sua história com diversas audiências. Pode acontecer em um discurso de elevador de trinta segundos, uma ligação de dois minutos com um cliente ou uma reunião de trinta minutos com um investidor. A extensão de sua narrativa deve ser capaz de mudar para se adequar a essas diferentes situações. Quanto menos tempo você tiver, de menos recursos precisará, e, é claro, quanto mais tempo você tiver, de mais recursos precisará.

Criar sua história às vezes pode ser desafiador, mas essa é uma fase do processo que você deve aproveitar para se divertir. É uma oportunidade de pensar sobre tudo o que você experimentou de bom e ruim de uma perspectiva aérea e de aproveitar isso a seu favor para criar uma história convincente. Criar sua história é uma das coisas mais importantes que você fará pelo seu negócio, porque ela permanecerá com você para sempre e você a usará milhares de vezes. Invista tempo agora nesse exercício para tornar sua história incrível. Isso não significa que você precisa deixá-la perfeita de primeira. Em vez disso, divirta-se com o processo e procure os elementos que são atraentes e que você gostaria de compartilhar. É através desse processo de descoberta e desejo de compartilhar essas pérolas que grandes histórias são feitas.

CAPÍTULO NOVE

PREPARANDO E ORGANIZANDO OS ELEMENTOS DA SUA HISTÓRIA

EMBORA VOCÊ TENHA UM GRANDE INVENTÁRIO à sua disposição, você não precisará usar tudo. Nesta fase, vamos começar a reduzir o número de patrimônios. Esse é o momento de preparo daquela refeição incrível que estamos cozinhando. Você poderia usar tudo que há em sua cozinha, mas isso não vai levar a um jantar incrível. Para preparar a refeição, você vai picar os vegetais, descongelar a carne, fazer o molho e escolher os temperos e os utensílios corretos. Você quer os ingredientes certos e as ferramentas certas para construir a melhor história possível.

Você vai selecionar e organizar por prioridade os itens de modo a usar apenas os melhores dos melhores. Você ainda terá o depósito, portanto, não sinta como se estivesse jogando fora informações valiosas. Em vez disso, pense nesse processo como aparar excessos. Quando você criou o inventário de bens (seu patrimônio em forma de história), todas as experiências que teve ou informações para dar contexto a essas experiências estavam na mesa. Agora você precisa ser mais criterioso. Você precisa ser seu próprio crítico. Conforme você percorre os bens, precisa ser o mais objetivo possível.

O maior equívoco que os empreendedores cometem é pensar que tudo é importante, mas, na verdade, é ao contrário. Você tem de se concentrar nas experiências mais relevantes para que possa manter sua história concentrada no ponto que interessa. Tudo em seu inventário deve estar relacionado à experiência fundamental que você deseja compartilhar sobre seu negócio de alguma forma.

Digamos que você foi criado em uma fazenda em Nebraska e que está desenvolvendo um produto alimentício. Essas duas coisas são bastante relevantes. Você irá compartilhar como ser criado em uma fazenda o levou a uma ideia de uma receita. No entanto, se você estiver desenvolvendo um aplicativo móvel relacionado ao monitoramento de registros de manutenção do seu carro, o fato de você ter crescido em uma fazenda será menos relevante.

PREPARANDO SEU INVENTÁRIO

Adoro cerejas frescas e sou obcecado em comprar só as melhores quando estão na estação. Todos os anos, quando os mercados começam a vender cereja, eu escolho a dedo todas as cerejas para garantir a firmeza e a cor certa, porque quero que cada cereja tenha um sabor ótimo. Raramente, se é que alguma vez, pego um saco de cerejas que o estabelecimento tenha ensacado, porque inevitavelmente haverá cerejas pouco maduras ou excessivamente maduras em seu lote, e não quero chegar em casa e comer uma cereja de gosto ruim. Preparar seu inventário é semelhante a isso.

Nesse ponto, você deve começar a escolher os melhores patrimônios de seu inventário. Aqui é onde você analisa todos os bens que você tem coletado e separa o joio do trigo — os elementos de alta qualidade dos de baixa qualidade (ou altamente relevantes versus não tão relevantes). Essa seleção para sua história é análoga à preparação para uma viagem importante. Você não pode levar todo o seu guarda-roupa, só pode levar suas melhores roupas e os acessórios necessários para cada viagem. O mesmo é verdade para a sua história; você só deve embalar itens de boa qualidade. Você pode não usar todos os bens para todas as situações, mas irá querer que sua mala esteja cheia com as melhores peças de inventário a serem usadas na sua história.

Esse processo garante que somente os melhores bens sejam utilizados e ajuda a determinar quais elementos são essenciais para cenários específicos e quais devem ser relegados ao depósito para situações de formato mais longo. Vejamos alguns elementos da história de Howard Schultz. Seu inventário teria incluído os seguintes elementos:

- Howard trabalhou em uma fábrica de tecidos quando adolescente durante um verão.
- Howard cresceu pobre, e sua família não tinha condições de pagar por assistência médica.
- Howard recebeu uma bolsa de estudos para representar a universidade jogando no time de futebol americano.
- Howard trabalhou para uma empresa de eletrodomésticos.

Tais elementos, embora façam parte de sua história CRONO, não são todos relevantes para a história da Starbucks.

O fato de Howard ter trabalhado em uma fábrica de tecido em um estaleiro em Nova York é um pedaço de sua história que poucas pessoas conhecem. Esse elemento raramente é relevante para a história da Starbucks que ele compartilha com o público. Não é necessariamente um patrimônio de alta prioridade. Entretanto, é um elemento que ele compartilha em seu livro de três centenas de páginas porque é parte de sua história e ele quer que as pessoas saibam.

A bolsa de estudos que Howard recebeu pode parecer desconectada ao início da cafeteria, mas se houver um cenário em que ele queira que o público saiba mais de sua história, ele pode dizer às pessoas que a bolsa de estudos foi seu bilhete de saída do conjunto habitacional onde morava. Esse é um elemento que possivelmente é relevante, porém às vezes não o será ou simplesmente não haverá tempo de ser trazido à tona.

Se Howard estiver argumentando a favor da cultura da Starbucks e explicando por que ela é considerada uma das melhores do mundo, ele pode também incluir o fato de ter crescido pobre em uma família que não podia pagar um plano de saúde. Ele acrescentará detalhes sobre a lesão do pai e a subsequente incapacidade de trabalhar e como isso criou uma falta de dinheiro que impactou dramaticamente a família. Ele compartilhará esses detalhes porque eles seriam a maior força motriz que o fizeram se certificar de que a Starbucks oferecesse seguro saúde não apenas aos funcionários em tempo integral, mas também aos funcionários em tempo parcial. Este é um elemento bastante relevante, dependendo da história que está sendo contada.

Nem todos sabem que Howard Schultz trabalhou para uma empresa de eletrodomésticos antes de fundar a Starbucks. É um detalhe que ele compartilha dependendo do público com o qual ele está falando, do tempo que ele tem para compartilhar sua história e do que ele está tentando ganhar com a contação de sua história no momento. Essa é outra instância onde o elemento pode ou não ser relevante para a história, ou pode ser omitido se for necessário manter a história curta.

Os leitores de seu livro de trezentas páginas estarão curiosos sobre seu passado, então lerão sua história de vida, mas se ele está apresentando um pitch de três minutos, será que alguém realmente se importa? Provavelmente não. Quando ouvem Howard compartilhar sua história, as pessoas estão principalmente interessadas em saber como ele teve a ideia da marca Starbucks e como chegou nela.

Os elementos centrais da história de Howard são que ele viajou para a Itália e quis criar a experiência do terceiro lugar nos Estados Unidos. Você não precisa necessariamente saber que ele trabalhou anteriormente em uma empresa de eletrodomésticos, ou sobre sua bolsa de estudos. São fatos interessantes, mas não necessariamente tornam o público mais ligado emocionalmente à história. Na verdade, se houver muitos elementos extras, eles podem distrair o público da história que Howard quer contar.

Conforme você analisa seu inventário, você pode melhorá-lo ao remover as maçãs podres — os bens que não são relevantes ou não agregam valor à sua história. Você pode examinar seu inventário e dizer, "Não, que ideia idiota", ou "Ninguém vai se importar com isso", ou "A minha nota final na pós-graduação não se relaciona à minha ideia de produto de serviço de alimentação". Muitas vezes, seu instinto é um bom guia para ajudá-lo a descobrir o que é realmente bom ou ruim. Escute-o. Se você tiver em mente que menos é mais e que a qualidade do input é igual à qualidade do resultado, isso o ajudará a guiá-lo nesse processo.

Eu quero que você olhe para todos os elementos à sua frente e se pergunte o seguinte:

- O que pode ser removido?
- O que é irrelevante?
- O que é desinteressante ou muito confuso?

A essa altura, gosto de percorrer a lista e colocar marcas de verificação ou estrelas nos bens que são importantes em cada componente. Não pense demais. Basta olhar para cada um de seus patrimônios e determinar se é relevante, interessante ou crítico para a história. Depois de passar por todos os bens do inventário, olhe de novo e faça o exercício novamente. Se você achar que mais alguma coisa é importante, coloque outra estrela ou verifique. Faça isso até o final da lista. Se ainda achar que sobram muitos elementos, faça uma terceira passagem.

Os itens que tiverem mais estrelas ao lado serão aqueles que você levará para o próximo estágio de criação da grande refeição.

Se ainda tiver problemas para reduzir seus bens, convém trazer um olhar externo. Até esse ponto, tem sido você sozinho com sua história, e um observador objetivo pode ser muito útil. Dê a ele uma ideia geral de onde você está com sua narrativa (história) e, em seguida, analise a lista de bens e pergunte: "Você acha que isso é interessante, relevante ou convincente?" Preste atenção à primeira reação dele, pois será a mais verdadeira.

HISTÓRIA DO FUNDADOR: SARA BLAKELY

Sara Blakely estava na casa dos vinte anos quando decidiu seguir os passos de seu pai e ir para a faculdade de direito. No entanto, seus planos foram rapidamente desfeitos quando ela foi reprovada no exame de entrada para a faculdade de direito duas vezes. Felizmente, graças a uma lição de infância, isso não a dissuadiu de seguir em frente. Na mesa de jantar, o pai de Sara sempre perguntava: "Em que você fracassou esta semana?" Se não houvesse fracassos, seu pai ficava desapontado. Ele transformou o fracasso em algo positivo, e isso tem sido um ingrediente-chave para sua fórmula de sucesso. Quando ela foi reprovada no exame da faculdade de direito, decidiu fazer algo divertido e se mudou para a Flórida para trabalhar no Disney World. Ela imediatamente conseguiu um emprego como vendedora de ingressos, mas seu coração estava decidido a interpretar o personagem Pateta. Ela tentou, mas acabou descobrindo que era muito baixa para a posição (ela tinha um metro e setenta e cinco e é preciso ser maior). Disseram que ela poderia ser um esquilo, mas a Disney tem uma regra de que cada funcionário deve esperar três meses antes de tentar preencher uma nova posição, então, ela continuou vendendo ingressos no parque. Essa não era a posição que ela queria, então ela se demitiu e começou a vender aparelhos de fax para ganhar a vida. Embora essa não fosse sua busca ideal, ela continuou porque sentiu que um dia teria uma ideia única de produto e abriria sua própria empresa.

Vender qualquer coisa de porta em porta não é fácil, mas vender aparelhos de fax na Flórida, no verão, era extremamente difícil. Por causa do calor, ela queria usar sapatos abertos, mas o problema era que a meia-calça ficava horrível com aqueles tipos de sapatos. E ela queria usar meia-calça para que seu bumbum ficasse bem em suas calças brancas. Para resolver seu problema, Sara cortou os pés de sua meia-calça para que ela ainda pudesse obter o efeito de controle da meia-calça sem a evidência visível em seus pés. Esta era a ideia única de produto que Sara esperava. Na época, ela não conseguiu encontrar nada parecido no mercado e passou os dois anos seguintes trabalhando em designs, um nome e uma embalagem.

Depois de concretizar sua ideia em um produto sólido e viável, ela quis registrar uma patente, mas ninguém queria ajudá-la. Ninguém levava sua ideia a sério e ela não tinha dinheiro suficiente para contratar um advogado. Encorajada pelas lições sobre o fracasso que aprendeu quando criança com seu pai, ela não deixou que esses contratempos retardassem seu progresso. Sara foi à biblioteca, pesquisou como obter uma patente própria e passou mais dois anos no processo, enquanto ainda vendia aparelhos de fax.

Depois que a patente foi registrada, ela foi atrás de fábricas com a intenção de criar um protótipo atraente com ótima embalagem. Ela procurou muito, mas todas as fábricas lhe disseram que era uma péssima ideia. O problema com cada uma dessas empresas era que todas elas eram comandadas por homens e, embora já estivessem fazendo roupas íntimas femininas, achavam que sua ideia não funcionaria.

Por sorte, um dos homens que lhe disseram "não" tinha duas filhas. Naquela noite, depois de ter rejeitado Sara e sua ideia, ele foi para casa e contou a ideia a suas filhas. Elas acharam que o pai delas estava louco por ter recusado Sara e o convenceram de que era uma grande ideia. No dia seguinte, o fabricante chamou Sara, contou a ela o que havia acontecido quando ele compartilhou a história dela com suas filhas e disse que estava de acordo. Empolgada, Sara passou para o próximo desafio, que era a embalagem.

Sara olhou para suas meias e percebeu que as embalagens eram sempre beges ou cinza e sempre traziam uma mulher seminua. Ela sabia que queria que sua embalagem fosse ousada e diferente, então escolheu a cor vermelha e colocou uma ilustração ao estilo cartum de três mulheres, para garantir que seu produto se destacasse de forma única. Assim que ela concluiu a ideia da embalagem, do protótipo e do nome inteligente, decidiu ligar com a loja Neiman Marcus em Atlanta e apresentar o produto. Eles lhe disseram que ela tinha que ligar para o escritório de compras em Dallas — ela sequer sabia que existia coisa como um "escritório de compras". Sara ligou para Dallas, se apresentou e falou sobre seu produto que iria mudar a maneira como as mulheres usavam roupas. A mulher concordou em dar à Sara uma reunião de dez minutos se ela fosse até Dallas.

Sara comprou uma passagem para Dallas e embarcou no avião com sua mochila vermelha da sorte, que ela levava consigo para todas as reuniões desde que começara a trabalhar na ideia. Seus amigos imploraram que ela não levasse a mochila, até mesmo suplicaram que ela comprasse uma bolsa Prada e a devolvesse no dia seguinte se fosse preciso, mas Sara levou sua mochila vermelha de qualquer maneira. Ela chegou aos escritórios da Neiman Marcus em Dallas pronta para apresentar seu produto. Com sua Spanx sem pés, uma cópia colorida da embalagem que ela havia criado em um computador emprestado e sua mochila da sorte, Sara começou sua apresentação. Cerca de cinco minutos depois, ela percebeu que a compradora não estava completamente impressionada. Foi aí que Sara teve a ideia de pôr em prática seu próprio "antes e depois". Sara levou a compradora ao banheiro e mostrou a ela como ela ficava vestindo suas calças com e sem o protótipo por debaixo. A compradora da Neiman Marcus ficou tão impressionada que fez um pedido para sete lojas.

Hoje, a Spanx gera trezentos milhões de dólares em receita, é vendida em mais de trinta países e estima-se que valha mais de dois bilhões de dólares. Sara é a bilionária feminina mais jovem da história, detentora de cem por cento de sua empresa e nunca gastou um centavo em publicidade.

Sara poderá sempre contar uma história convincente, memorável e relacionável. O núcleo de sua história se concentra em encontrar uma solução para um problema com o qual ela lidava diariamente. Ela queria que seu bumbum ficasse bem de calça branca, mas não queria usar meias-calças com sapatos de ponta aberta, então, ela cortou os pés de suas meias-calças. O que torna ela e sua história tão cativantes e divertidas são as pequenas coisas que dão vida a essa história. Ela tece à mão elementos de sua formação e experiências que mostram quem ela é, o que importa para ela e por que ela foi em frente. Todas essas coisas fazem com que você torça por ela ao longo do caminho e faz com que você se pergunte o que vai acontecer a seguir. E, se você tiver uma necessidade semelhante, elas o farão querer comprar o produto dela.

A partir do exemplo da história cronológica de Sara, siga o exemplo e encontre elementos que deixem seu público saber quem você é, por que você faz o que faz e como chegou aonde está. Eles não têm que ser polidos, bonitos e elegantes, mas têm que ser interessantes, convincentes e fonte de orgulho para você. Sua história não precisa ser incrivelmente fluida, mas você precisa de uma base central poderosa, salpicada de elementos coloridos. Como a mochila vermelha, a meia-calça cortada e a maneira incomum de fazer as coisas que Sara demonstrou, você pode aproveitar seus itens pré-selecionados para ajudar a contar uma história que fará as pessoas torcerem por você, da mesma forma que nós torcemos por ela.

Se eu estivesse criando a história da Sara do zero, teria usado o mesmo processo que estou explanando aqui. Eu teria criado uma pesquisa BR3, depois escolheria os elementos que mais se destacaram. Eu identificaria as partes engraçadas, marcantes, divertidas, extraordinárias ou simplesmente interessantes e faria uma lista delas em uma ordem semicronológica, como a seguinte:

- Enquanto ela crescia, seu pai costumava lhe perguntar em que ela havia fracassado a cada semana.
- Ela queria ir para a faculdade de direito, mas reprovou duas vezes na prova de entrada.
- Ela foi para o Disney World e não conseguiu o emprego de Pateta.
- Ela vendia aparelhos de fax de porta em porta na Flórida durante o verão.
- Ela queria que seu bumbum ficasse bem de calças brancas.
- Ela cortou os pés de sua meia-calça.
- Ela trabalhou por cinco anos vendendo aparelhos de fax.
- Ela passou um tempo na biblioteca aprendendo como registrar sua própria patente, porque não tinha dinheiro suficiente para um advogado.
- Ela viajou para cima e para baixo na costa sudeste dos EUA para visitar fabricantes e foi rejeitada por todos eles.
- Ela conheceu um fabricante que inicialmente disse não, mas mudou de ideia depois que mencionou o fato às filhas.
- Ela pegou seu protótipo e sua pequena mochila vermelha e começou a visitar lojas.
- Ela voou para Dallas para visitar uma representante de vendas após a compradora concordar em lhe dar dez minutos.

- Ela levou a compradora responsável ao banheiro para demonstrar visualmente como seu bumbum ficava antes e depois de usar Spanx.
- A compradora concordou na hora em fazer um pedido para sete lojas.

Agora que você viu como eu selecionaria os elementos para a história de Sara, olhe para seus próprios bens e veja se ainda fazem sentido. Eles se destacam? Eles são divertidos? Eles são interessantes e atraentes? Do contrário, escolha novos ou remodele-os. O fato de Sara ter conseguido um emprego no Disney World pode ser interessante, mas não necessariamente relevante para a história. O que o torna relevante é compartilhar como Sara lidou com o fracasso quando não conseguiu o emprego que desejava. Pegar elementos que não são necessariamente relevantes e adicionar um ângulo ou contexto a eles irá ajudá-los a se tornarem mais relevantes.

CAPÍTULO DEZ

CONSTRUINDO SUA HISTÓRIA

AGORA QUE VOCÊ JÁ FEZ TODO O TRABALHO DE PREPARAÇÃO, é hora de começar a juntar as partes. Antes de começar, é bom fazer uma revisão dos passos que você tomou para chegar a este ponto. São os seguintes:

1. Decida qual "tipo de história" você quer usar.
2. Selecione a experiência em que você vai se concentrar e que será a base para sua história.
3. Construa seu inventário usando a história CRONO.
4. Selecione os melhores patrimônios de seu inventário para moldar sua experiência em um formato de história.

Se você pulou qualquer uma dessas etapas, recomendo fortemente que as conclua antes de prosseguir. Elas são vitais para sua história. Essas etapas o preparam para o processo de construção, e quero que você esteja pronto para elaborar sua história. Iniciar esse processo pode muitas vezes ser a parte mais assustadora da criação de sua história.

É aqui que os fundadores começam a encarar uma página em branco, esperando por inspiração.

A chave para superar este obstáculo é simplesmente "começar" a criar sua história. Você pode começar pelo início, mas muitas vezes é mais fácil para os fundadores começar com a parte que os deixa mais confortáveis, ou com o que for mais atraente. Assim como quando você estava construindo seu inventário e não tinha certeza por onde começar, comece pelo ponto mais interessante ou que flui melhor para você.

Quando comecei a trabalhar na história de Drew Houston, a coisa que mais ressoou comigo foi sua experiência de perceber que havia esquecido o pen drive quando embarcou naquela viagem de quatro horas de ônibus. Já vivi muitos momentos semelhantes — esquecer um HD externo ou esquecer de salvar um arquivo no meu laptop quando estava para partir em uma viagem — e senti a frustração de não poder fazer o trabalho. Então, para a história de Drew Houston, comecei do ponto em que ele se deu conta de que havia esquecido o pen drive e trabalhei a partir disso. Ao contar a história de John Paul DeJoria, o fundador de Paul Mitchell e Patrón, eu normalmente começo com o fato de que ele era um cara que tinha sido demitido de todos os empregos que tinha tido. Ele estava morando em seu carro com seu filho quando juntou seus últimos setecentos dólares para iniciar os produtos de cuidados capilares Paul Mitchell. Começo com esse ponto porque ele imediatamente envolve o público. Quase todos com quem já falei sobre John Paul querem ouvir mais depois de saberem desse detalhe.

Quero que você encontre aquele momento em seu inventário que continua chamando sua atenção e quero que comece por aí. Se você não conseguir encontrar nenhum objeto brilhante, dê você mesmo o polimento a algum evento para torná-lo reluzente. Há ouro nos sentimentos, sensações e esforço mental que todos dedicamos quando começamos uma empresa — só precisamos demonstrar para o mundo. Reviva o que você sentiu quando o incidente aconteceu, descreva como seus desafios o fizeram sentir e introduza aquele momento "eureka" que mudou tudo.

Se estiver tendo dificuldades aqui, um olhar externo objetivo pode ajudá-lo a olhar os itens escolhidos em seu inventário e dizer-lhe se eles são interessantes ou convincentes. Muitas vezes reparo que quando estou falando com as pessoas e elas começam a compartilhar suas histórias, elas murmuram algumas das partes mais interessantes porque já contaram tantas vezes que não sentem mais que aquilo é interessante. Elas encobrem elementos de sua história porque acham que não importam muito para o público, mesmo que seja a parte que os ouvintes mais querem ouvir. Não encubra nenhum detalhe. Um amigo, mentor ou colega objetivo pode ajudá-lo a encontrar as partes provocantes de sua história.

Ao começar a construir sua narrativa, você vai voltar à estrutura SoFE e usá-la para juntar as partes. Essa estrutura de início, meio e fim deve estar sempre engatilhada para que você não tenha que repensar nada.

COLOCANDO A ESTRUTURA SOFE PARA FUNCIONAR

Para contextualizar, vamos usar uma história que criei para meu curso online de storytelling para empreendedores, CREATE Your Story from Scratch, que se concentra em um produto e aplicativo hipotéticos chamados FindMyFourLegger.com [Encontre meu amigo de quatro patas]. Vou guiá-lo pelo processo que eu teria usado para criar a história. A premissa do produto é que ele ajuda você a encontrar seu animal de estimação se ele estiver perdido. Usando um dispositivo GPS em sua coleira, você pode rastrear a localização de seu animal de estimação usando um dispositivo móvel. Embora eu não tenha feito o produto, ele é baseado em um evento e experiência reais que me aconteceram — o dia que perdi meu cachorro, Fitty G, quando ele fugiu.

SELECIONE O TIPO DE HISTÓRIA

Essa é a primeira etapa do processo. Para o conceito FindMyFourLegger.com, vou usar a história de origem porque sei que todas as pessoas que têm animais de estimação que ouvirem meu conceito me perguntarão como eu tive a ideia. É simples, direto e fácil de lembrar.

ESCOLHA A EXPERIÊNCIA

A ideia do aplicativo Find My Four Legger veio da experiência que vivenciei um dia ao chegar em casa e descobrir que meu cachorro havia sumido. O que aconteceu depois também faz parte da experiência e está diretamente relacionado ao motivo pelo qual tive a ideia.

DETERMINE O OBJETIVO DA HISTÓRIA

Quero que o público saiba o amor incondicional que os donos de animais de estimação têm por seus companheiros e até onde somos capazes de ir para ter certeza de que eles estão seguros e bem cuidados.

CRIE OS PATRIMÔNIOS E A HISTÓRIA CRONO

Usando a experiência de perder meu cachorro, listo a sequência de eventos, pensamentos e sentimentos que constituíram minha experiência. Também olho para minha história e incluo coisas que podem ser relevantes ou convincentes para essa experiência na minha história CRONO. Lembre-se de que esta é a parte que inclui mais informações, então, qualquer coisa que se relacione com a experiência entra aqui.

PREPARE O INVENTÁRIO

Eu então escolho as partes da história CRONO que eu acho que irão repercutir mais entre o meu público-alvo. São coisas como: o quão especial meu cachorro é para mim, o quanto eu adoro quando ele me cumprimenta ou o poço de desespero em que meu coração se afundou quando descobri que ele estava sumido. Não seleciono coisas como a idade de Fitty G ou o tipo de casa ou bairro em que moro, porque não são partes interessantes da experiência.

USE A ESTRUTURA SOFE

Depois de selecionar as melhores partes, insiro esses bens nas três partes e cinco componentes da estrutura SoFE. Eu organizo os bens que ajudam a contar a sequência de eventos da maneira mais curta e convincente.

A seguir está a minha configuração da estrutura SoFE para Find-MyFourLegger.com.

COMEÇO

PREPARAÇÃO:

Eu amo meu cachorro. Ele é uma das coisas mais importantes da minha vida — ele é meu melhor amigo, filho, irmão e confidente.

Poucas coisas neste mundo se comparam ao tempo que passo com ele e à saudação que recebo dele quando chego em casa. É como se eu fosse algum tipo de messias — independentemente de eu ter ficado fora por dez minutos ou dez horas.

INCIDENTE:

Uma noite, depois de sair para jantar na casa de um amigo, cheguei em casa e meu cachorro tinha sumido. A porta de cachorro por onde ele costumava passar estava aberta e o portão do quintal tinha sido deixado aberto de alguma forma, e eu não conseguia encontrá-lo em lugar algum.

MEIO

DESAFIO:

Totalmente apavorado porque meu cachorro havia sumido, comecei a procurar por todo o bairro.

Bati na porta dos vizinhos, liguei para o canil local e até pedi ao meu melhor amigo que viesse me ajudar a procurar. Eu estava mal do estômago pensando que tinha perdido meu cachorro e, pior ainda, que algo ruim podia ter acontecido a ele.

MUDANÇA:

Felizmente, depois de duas horas frenéticas de busca e surto, eu o encontrei na casa de um vizinho, se divertindo e fazendo novos amigos. Mas minha mente não parava de pensar que tinha que haver uma maneira de evitar que isso acontecesse novamente no futuro e ajudar outras pessoas a resolver esse problema também. Eu não poderia ser o único que já havia perdido o cachorro e entrado em desespero por não ter uma boa maneira de encontrá-lo. Comecei a tentar pensar em uma maneira de encontrar meu cachorro da mesma forma que encontraria meu telefone. Não sou um programador, mas sabia que devia haver uma maneira de colocar algo no cachorro — seja na coleira ou no chip — que me permitisse entrar no meu computador e localizá-lo sempre que quisesse. Passei as quatro semanas seguintes tentando descobrir o que seria necessário para fazer isso funcionar.

FIM

RESULTADO:

Criei um aplicativo chamado FindMyFourLegger.com para qualquer pessoa que perde seu animal de estimação ou não consegue encontrá-lo por qualquer razão, para que ninguém mais precise passar pelo medo angustiante que passei. Com este aplicativo, as pessoas podem simplesmente acessar a internet para descobrir onde seu pet está. Eu contei essa história para trinta dos meus amigos que têm animais de estimação e 29 deles já se inscreveram.

Depois de concluída, reduzo a estrutura a três pontos para ajudar a manter o foco e a simplicidade.

- Amo meu cachorro mais do que tudo. Uma noite, depois de ir jantar na casa de um amigo, voltei para casa e descobri que meu bichinho estava desaparecido.
- Procurei freneticamente por todo o bairro, ficando mais preocupado a cada minuto. Felizmente o encontrei horas depois.
- Sabendo que outros donos de animais de estimação enfrentam o medo de perdê-los, tive a ideia de um aplicativo que funciona como o aplicativo Find My iPhone, mas para animais de estimação.

Esse também é um ótimo exercício para ajudá-lo a reduzir sua história de páginas a tópicos, quando achar que está muito longa. Chegar à essência das três partes de sua história facilita o nosso próprio entendimento.

ESCREVA SUA HISTÓRIA

Agora que você tem todos os seus recursos organizados utilizando a estrutura SoFE e escolheu os melhores dos melhores, escreva sua história. Não há como não escrever a história porque é isso que força você a começar a colocá-la de uma maneira organizada com a qual se pode trabalhar mais facilmente. Vê-la em um formato escrito ajuda a identificar problemas e desafios. A forma como você escreve sua história é de sua responsabilidade. Pode ser em forma de parágrafo completo ou em tópicos. Pode até estar em PowerPoint, se isso funcionar para você. Na verdade, se você odeia escrever, diga sua história em voz alta enquanto a grava, e depois transcreva-a para que você possa revisá-la na tela ou no papel. Basta escolher o meio que lhe permita obter uma versão de sua história que possa ser enviada a outra pessoa para revisá-la. Você não vai enviá-la para nenhum lugar ainda, mas tenha algo que possa ler e revisar facilmente.

Para começar a escrever, uso os elementos da tabela da estrutura SoFE e o trabalho que fiz nas etapas citadas e escrevo a história como se fosse um texto para a seção “Minha História” do meu site. O início do processo ficaria assim:

> Um dia, quando cheguei em casa e descobri que meu cachorro, um amado e alegre cocker spaniel chamado Fitty G (inspirado no nome do rapper 50 Cent), não estava em minha casa ou quintal, eu surtei completamente. Meu melhor amigo de quatro patas tinha sumido. Em um instante, fiquei devastado e pensei que o pior lhe havia acontecido. Em seguida, passei a procurar freneticamente no bairro. Eventualmente o encontrei, algumas horas depois, fazendo amizade com algumas pessoas que moravam a alguns quarteirões de distância. Enquanto caminhava para casa com Fitty G, eu sabia que milhões de outros donos de animais de estimação provavelmente já haviam passado pelo mesmo que eu, então tive a ideia de criar um dispositivo de rastreamento GPS que ficasse em sua coleira e que me permitisse checar no meu telefone, a partir de um aplicativo em tempo real, a localização do meu cachorro. Dessa forma, nenhum dono de cão, gato ou qualquer outro animal teria de se preocupar em perdê-los, porque sempre saberia onde estão.

Para formular a história, fiquei pensando no que eu poderia incluir no início para chamar a atenção das pessoas. Comecei a me perguntar de onde a ideia tinha vindo. Para mim, a ideia veio do fato de que uma noite eu voltei para casa e meu cachorro havia desaparecido. Ele não estava na casa nem no quintal, e vi que o portão estava aberto. Naquele momento, entrei em estado de pânico.

Enquanto compartilho essa parte da história sobre o que me aconteceu naquele momento, estou fornecendo a preparação e o incidente. Saí uma noite no outono passado, e quando cheguei em casa naquela noite, meu cachorro tinha sumido. Não é preciso muito mais do que isso. Se você já teve um animal, vai saber como é essa sensação imediatamente. Ela vai te atingir bem no estômago, e vai ressoar. Eu então conto como eu estava em estado de pânico. Ao contar o que aconteceu fisicamente na vida real, sou capaz de começar a sugar os ouvintes para dentro da história.

Compartilho os desafios que enfrentei. Eu estava morrendo de medo de que algo tivesse acontecido com meu cão, então liguei para abrigos, veterinários, todos os lugares possíveis. Construo a tensão falando sobre os obstáculos e contratempos que estava enfrentando ao tentar encontrar meu cachorro. Eventualmente, encontrei meu cão e fiquei super aliviado, mas não pude deixar de pensar: "Não seria ótimo se eu pudesse ter olhado meu telefone e imediatamente encontrado Fitty G?"

Na minha história, essa é a mudança. É a epifania e o momento da ideia que levou ao meu produto, FindMyFourLegger.com, que é um aplicativo legal que ajuda qualquer pessoa a encontrar seu cão em tempo real.

Em muito pouco tempo, expliquei o que aconteceu. Dei o incidente: meu cão tinha desaparecido. Levei o público através dos desafios que enfrentei, tanto física quanto emocionalmente, e então trouxe a resolução: graças a Deus, eu o encontrei. Depois compartilhei que, após encontrar meu cão, tive uma epifania e criei meu produto. O resultado foi que decidi fazer esse produto para que ninguém jamais tivesse que sentir o que eu tinha sentido naqueles momentos em que meu cão estava desaparecido.

Quando você passeia por esse processo, pode inserir os detalhes que quiser nas etapas de inventário e de seleção. Eu poderia ter acrescentado que estava em um jantar na casa de um amigo naquela noite, mas será que isso era pertinente à minha história? Provavelmente não. As pessoas poderiam não se conectar comigo de uma maneira muito forte se eu tivesse dito que tinha saído para um jantar. Entretanto, se eu dissesse que estava na casa de um amigo brincando com o cachorro dele, e que eu mal podia esperar para chegar em casa para ver o meu, então isso provavelmente acrescentaria à minha história. Isso faria com que o público soubesse o quanto meu cão era importante para mim e acentuaria a próxima parte da história, onde descubro que meu cão está desaparecido.

CAPÍTULO ONZE

AVALIANDO E REVISANDO SUA HISTÓRIA

AGORA QUE VOCÊ TEM UM RASCUNHO DA HISTÓRIA, é hora de avaliar e revisar. A fase de revisão permite que você veja como sua história soa aos ouvidos e permite que você faça alterações se ela não estiver adequada. Nessa fase do processo de criação da história, gosto de aplicar o que chamo de "filtros de realidade". Essa técnica ajuda você a se preparar para a variedade de objeções, situações, perguntas e reações que você receberá no mundo real.

Sempre que você compartilha sua história, as pessoas aplicam esses filtros, tanto inconscientemente quanto conscientemente. Usamos filtros como sistemas de proteção para nos ajudar a tomar decisões diariamente, para não ficarmos sobrecarregados. Quer você goste ou não, é assim que o cérebro humano funciona. Todos os dias, somos solicitados a fazer centenas de escolhas sobre o que consumir e o que não consumir. Somos bombardeados com escolhas sobre quais reuniões fazer, quais telefonemas responder, quais e-mails abrir, quais livros ler ou quais filmes assistir — sempre decidindo ao que dar atenção ou não com base em nossas necessidades ou interesses.

Nesta fase, quero que você se torne seu próprio crítico. A boa notícia é que você já é um crítico incrível só por existir neste mundo. Você já usa os mesmos filtros de realidade que seu público usará. Você está constantemente decidindo em que prestar atenção por meio de seus próprios filtros de preferências e gostos. Você não tem nenhum problema em dar opiniões sobre qualquer coisa que tenha impacto sobre sua vida, desde o carro que dirige, a comida que come e as roupas que veste. Agora você pode usar o mesmo processo de crítica interna para avaliar sua própria história.

Há uma série de desafios importantes que sua história enfrentará quando você a levar para o mundo real. Esses desafios são os mesmos que você usa diariamente para avaliar ao que deve dar atenção. Aqui estão três dos maiores desafios que você enfrentará, para os quais já pode começar a se preparar.

TEMPO

As pessoas quase sempre estão dispostas a ouvir um pequeno discurso ou olhar para algo que não leva muito tempo. Um dos maiores erros que os empreendedores cometem é demorar muito para transmitir sua história. Não é que as pessoas não gostem de longas histórias — elas gostam, mas as histórias curtas têm uma chance melhor de serem ouvidas. E quando as histórias são curtas (e boas), tendem a ser compartilhadas com mais frequência do que as mais longas, pela simples razão de que as pessoas conseguem se lembrar delas e repeti-las com mais facilidade.

Os fundadores acreditam que precisam contar a você tudo sobre sua ideia, quando, na verdade, histórias mais curtas podem ser muito poderosas e, às vezes, mais convincentes, porque estimulam a imaginação.

Há uma história famosa sobre o romancista Ernest Hemingway. Certa vez, ele teria sido desafiado a escrever uma história em menos de dez palavras por dez dólares. Ele fez isso em seis: "For sale: baby shoes, never worn [Vende-se: sapatos de bebê, nunca usados]."

Embora esse conto tenha se mostrado elusivo (Hemingway realmente o escreveu?), o ponto está bem colocado. Essas seis palavras não apenas dão a você uma noção do que aconteceu — a história, se você preferir — mas simultaneamente acendem a imaginação e catalisam suas emoções. Você imediatamente tenta determinar o que significa e como surgiu, e isso o deixa querendo mais. E é exatamente isso que você quer: fazer seu público querer mais do que você tem a compartilhar ou oferecer.

Nove em cada dez vezes que uma história é contada pela primeira vez, ela vai ser excessivamente longa. Embora tenha muito a dizer, é mais do que provável que você queira encurtar a sua. O que a maioria das pessoas não percebe é que tornar as coisas mais curtas muitas vezes é mais difícil do que tornar as coisas mais longas. Mas inventei uma técnica para me ajudar, seja tentando descobrir o que cortar de um vídeo ou dando dicas a um empresário sobre o que cortar de sua história.

Uma das melhores maneiras de encurtar sua história é condensá-la em três pontos simples. Semelhante ao que fiz com FindMyFourLegger.com no final do Capítulo Dez, quero que você reduza cada seção — começo, meio, fim — a um ponto, sem parágrafos ou sentenças superlongas. Esses pontos curtos e sucintos devem ser algo como:

- No começo, isso aconteceu.
- No meio, isso aconteceu.
- No final, isso aconteceu.

Fazendo isso, você começará a eliminar informações irrelevantes que provavelmente não são essenciais ao âmago da história. Quando você passa de páginas para tópicos, elimina todo o excesso de ruído e desordem e reduz a história ao essencial. Esses tópicos resultantes podem não parecer uma história completa, mas, acredite em mim, eles o ajudarão a tornar sua história mais concisa. Ao se concentrar em uma abordagem econômica das palavras, você terá uma história que as pessoas vão querer ouvir.

COMPREENSÃO

O segundo desafio que você enfrentará no mundo real é a compreensão. As pessoas com quem você compartilha sua história precisam entendê-la, ou a atenção se desviará e elas o ignorarão.

Para tornar sua história mais fácil de entender, remova as palavras-chave, a linguagem e o jargão que são específicos de seu setor. Faça o melhor para evitar termos acadêmicos ou altamente técnicos, mesmo que você, sua proposta ou sua indústria sejam complexos. Às vezes, você até pode se encontrar em uma situação em que esses termos são apropriados, mas, para todos os propósitos e intenções, é melhor removê-los. Um público não quer perder tempo tentando decifrar o que seu produto faz ou o que sua empresa oferece, portanto, não sacrifique os cérebros de sua audiência forçando-os a decodificar propostas complicadas. Ao sobrecarregar o estoque limitado de energia mental, você pode não só perder o interesse do público, como também desmotivá-lo.

Você também pode facilitar a compreensão fornecendo uma estrutura familiar para seu ouvinte. A estrutura SoFE, baseada em início, meio e fim, faz isso bem. Essa é uma estrutura que todos conhecem e entendem bem. O uso de um dos seis tipos de história mencionados aumentará ainda mais a familiaridade.

Finalmente, você pode empregar o "teste da quarta série", como Bert Jacobs da Life Is Good faz. É uma técnica que Bert desenvolveu depois de ver o sucesso da simplicidade do slogan "Life is good". O teste se concentra em saber se um aluno da quarta série pode ou não entender o conceito ou a história apresentada. Caso contrário, é muito complicado. Bert aplica essa técnica a todas as grandes decisões que a empresa toma: "Um aluno da quarta série pode entendê-la?" Se houver alguma criança na quarta série ou perto da quarta série em sua casa, você pode aplicar o mesmo tipo de teste à sua história. Caso contrário, recomendo fortemente que você encontre uma pessoa jovem para testar a sua história. Conte a eles. Se uma criança nessa faixa etária puder recitá-la de uma forma que deixe claro que entendeu o que você estava contando, então você passou no teste. Se não, você precisa simplificar.

SINGULARIDADE

O terceiro desafio que você sem dúvida enfrentará é a singularidade de sua ideia ou, melhor, a falta dela. A maioria dos fundadores acha que seu negócio ou sua proposta é única, que ninguém está fazendo aquilo da mesma maneira. Eles podem até ser ousados a ponto de dizer que não têm concorrência "real". O problema com essa abordagem é que há uma alta probabilidade de que alguém em algum lugar tem uma proposta que se parece exatamente com a deles.

É incrivelmente desafiador para os fundadores descobrir maneiras de se destacar com seu negócio porque, com tantas ideias novas sendo constantemente colocadas no mundo, todas começam a soar iguais. Esfregando sal na ferida, você tem que competir com as soluções de produtos existentes que já estão no mercado e com o reconhecimento de marca que já possuem. Basta percorrer qualquer seção de pasta de dentes, biscoitos ou bebidas em um mercado e você verá isso em primeira mão.

Pense da seguinte forma: 99,9 por cento do DNA humano é exatamente o mesmo. Ideias de startups e novos produtos são semelhantes a essa analogia, pois todos eles parecem semelhantes. Se você ouvisse uma série de pitches de startups ou histórias de fundadores de uma só vez, a maioria soaria como se fosse a mesma coisa.

A boa notícia é que dentro dos 0,1 por cento do DNA que não é igual em toda a raça humana, há três milhões de diferenças. Sua história entra aqui, porque ela é única e exclusivamente sua. Nem uma única pessoa no mundo inteiro tem sua história, porque nem uma pessoa em sete bilhões de pessoas teve exatamente as mesmas experiências que você teve. Você pode capitalizar sobre a singularidade de sua história destacando essas milhões de diferenças.

No Capítulo Cinco, eu compartilhei várias maneiras que fazem uma história se destacar:

- Faça com que seja pessoal.
- Construa um nicho.
- Aceite ser o azarão.
- Seja vulnerável.

- Confie nos números.
- Não seja convencional.

Como parte de seu processo de avaliação, quero que você mergulhe de novo em sua história e faça a si mesmo estas perguntas:

- Minha história é única?
- Empreguei um ou mais dos métodos para me destacar?

Se a resposta for não, reveja esses elementos no Capítulo Cinco e entenda como você pode empregá-los em sua história.

Faça com que seja pessoal. Leve seu público com você através da narrativa de uma maneira que ninguém mais pode, destacando os detalhes, atributos e características que fazem dessa aventura algo que pertence somente a você. Dentro de sua experiência pessoal estão os próprios elementos que distinguem o que você está fazendo de qualquer outra pessoa neste planeta chamado Terra.

Construa um nicho. É fundamental que você identifique uma montanha no meio da paisagem do mercado, finque sua bandeira no topo dessa montanha e reivindique essa montanha como sua, não importa quão grande, pequena ou desconhecida seja. A chave é articular essa reivindicação através de sua história, de modo que seu público saiba onde ela está e como você vai defendê-la.

Aceite ser o azarão. Não tenha medo de aceitar o seu status de empreendedor azarão. Deixe seu público saber como você é o Davi para os Golias de sua indústria, para que eles torçam por você e, tão importante quanto, saibam contra quem torcer. Seja em uma competição de esportes ou em uma família com irmãs malvadas, todos nós queremos que a Cinderela vença no fim do dia.

Seja vulnerável. Para ser vulnerável, vá fundo e revele as camadas mais escondidas de sua trajetória. Quando compartilhar suas experiências de negócios, deixe seu público saber quem você é. Crie confiança e conecte-se com seu público em vários níveis, evidenciando os motivos pelos quais você se dedica de coração e alma ao seu negócio. Revele essa determinação interna ardente para que seu público saiba que sua ideia não é apenas uma ideia maluca, mas está enraizada em um objetivo sólido e na necessidade de resolver um problema real. Compartilhe suas frustrações e forneça detalhes de como sua proposta vai melhorar a vida de seus clientes.

Confie nos números. Os números são um ingrediente incrivelmente poderoso que pode ser usado para aprimorar quase qualquer história devido à sua concisão. Quando você os incorpora de forma eficaz em sua história, é como adicionar um toque de cor a uma sala — eles dão vida à narrativa. Certifique-se de que os números sejam relevantes para a história, valham a pena ser mencionados e sejam usados seletivamente para enriquecer a história, em vez de desordená-la.

Não seja convencional. Quando você segue o caminho não convencional, você foge do normal e quebra as expectativas do seu público, fazendo com que eles prestem atenção. Encontre maneiras de fornecer fatos fascinantes, cenários extremos ou pensamentos contraintuitivos que surpreendam seu público. A introdução de algo altamente inesperado é uma ferramenta muito poderosa e pode ajudar a destacar sua história.

HISTÓRIA DO FUNDADOR: TIM WESTERGREN

Quando Tim Westergren se formou na faculdade em 1988 com um diploma de bacharel em ciências políticas, ele não tinha uma visão clara para seu futuro. A única ideia que ele tinha sobre o que fazer em termos de carreira era que queria seguir sua paixão — a música. Tim tocava piano desde criança e, na faculdade, estudou acústica e tecnologia de gravação no Centro de Pesquisa em Acústica Musical como forma de manter essa chama acesa.

Após a formatura, Tim começou a ir atrás de seu sonho. Nos dez anos seguintes, ele morou em uma van e viajou com os membros de sua banda de show em show enquanto, alternadamente, trabalhava como babá para pagar as contas. Ele aprendeu a difícil situação enfrentada pelos músicos, compartilhando estradas e shows com eles. Ao longo do caminho, ele conheceu centenas de artistas que, na opinião dele, deveriam ser capazes de ganhar a vida como músicos pois eram talentosos o suficiente, mas que, em vez disso, passavam por dificuldades durante anos a fio e eventualmente abandonavam a profissão musical. Sua própria banda, Yellowwood Junction, também nunca atingiu o sucesso.

Eventualmente, Tim deixou o negócio de músicos itinerantes e começou a escrever e compor músicas para filmes em Los Angeles. Um de seus principais trabalhos como compositor de trilhas sonoras era descobrir o que o diretor queria para o filme. Com o tempo, Tim desenvolveu uma metodologia improvisada para definir os desejos dos diretores. Ele se sentava com o diretor do filme em que estivesse trabalhando e tocava uma pilha de CDs para ele, obtendo feedback sobre cada música. O processo não envolvia termos musicológicos específicos, afirma Tim. Em vez disso, era essencialmente uma sessão de "aprovo" ou "desaprovo". Tim, então, pegaria a ideia geral das preferências do diretor e a traduziria em algo musicológico que ele poderia usar para compor. Tim foi muito bem-sucedido nisso e, mesmo sem intenção, percebeu que havia começado a criar um genoma informal baseado em gostos musicais.

Mais ou menos naquela época, Tim leu um artigo sobre a cantora e compositora Aimee Mann e os problemas que ela estava tendo para alcançar seu público. Os dois discos anteriores de Aimee Mann venderam mais de duzentas mil cópias e receberam aclamação da crítica. Mas sua gravadora não queria lançar seu último álbum porque queria se concentrar em artistas maiores que vendiam milhões em vez de centenas de milhares.

O artigo trouxe de volta muitos dos desafios e frustrações que Tim teve como músico. Ele começou a pensar sobre o genoma informal que havia criado em seu trabalho como compositor e acreditou que poderia haver uma maneira de usá-lo para resolver o problema de artistas que não alcançam os fãs. Ele estava determinado a descobrir uma maneira de codificar sua taxonomia musical e casá-la com a matemática para construir um mecanismo de recomendação que conectasse uma música a outra. Sua esperança era que isso não apenas ajudasse os consumidores a descobrir novas músicas, mas que também ajudasse milhares de bandas a ganharem evidência.

Em 1999, Tim se juntou a dois outros amigos músicos, Will Glaser e Jon Kraft, e fundou a Savage Beast Technologies. Bem naquela época, o Projeto Genoma Humano estava fazendo um grande progresso e tinha como objetivo, ao final da década, decifrar o código genético da humanidade. Isso os inspirou, e eles chamaram seu projeto de Music Genome Project (MGP). O objetivo deles era criar uma taxonomia musical para que mais pessoas pudessem ouvir músicas semelhantes às que já gostavam. Eles escreveram um plano de negócios e começaram a arrecadar dinheiro.

Na primeira semana de março de 2000, eles levantaram 1,5 milhão de dólares em capital de risco. Eles montaram escritórios e se tornaram uma startup, reunindo-se em um pequeno estúdio. Eles então contrataram músicos e engenheiros para ajudá-los a criar seu novo produto. A equipe se propôs a identificar os "genes" musicais cobrindo cada detalhe de vocais, ritmo, harmonia, melodia, letras e instrumentação. Eles também adicionaram um algoritmo exclusivo de alto desempenho que podia calcular a "distância" musical entre as músicas. Os analistas musicais que contrataram revisaram cerca de dez mil canções, uma de cada vez. Com papel e lápis, eles construíram lentamente seu banco de dados do MGP. Eles levaram dez meses para construir um protótipo que combinasse uma música com outras músicas semelhantes que um ouvinte pudesse gostar. Eles o executaram dentro do Microsoft Excel. Tim percebe, em retrospectiva, que provavelmente não era a melhor maneira de construir um protótipo, mas foi o que ele conseguiu pensar naquela época.

Para testar o protótipo de mecanismo de correspondência que eles construíram, Tim digitou uma música dos Beatles ("Eleanor Rigby" ou "Norwegian Wood" — ele não consegue lembrar qual). Depois de dois longos minutos, o mecanismo de correspondência voltou com uma música chamada "New York Mining Disaster 1941", dos Bee Gees. Tim imediatamente pensou que a coisa não funcionava. Depois de quase um ano trabalhando no protótipo e quase um milhão de dólares gastos, o mecanismo voltou com uma resposta completamente fora da base, combinando os Beatles com a banda pop Bee Gees. Mas, na realidade, tinha funcionado.

A música que estava sendo recomendada era de uma banda anterior, com um repertório de blues. Esses Bee Gees eram diferentes da famosa banda pop Bee Gees, formada pelos irmãos Gibb. Na verdade, os Bee Gees sugeridos pela ferramenta eram basicamente uma banda imitadora dos Beatles, e sua música combinava bem com a dos Beatles. Tim estava em êxtase. O mecanismo não sabia nada sobre os metadados em torno desses artistas, mas estava fazendo conexões musicológicas, conectando as músicas com bastante precisão. Quanto mais eles brincavam com o protótipo, mais eles começavam a acreditar que tinham um algoritmo que funcionava. Mas havia um problema.

Após um ano configurando o protótipo e colocando-o para funcionar, eles começaram a ficar sem dinheiro. Era 2001. Eles tinham cinquenta funcionários e problemas de fluxo de caixa, e o mercado "ponto com"[21] despencou. A arrecadação de fundos era quase impossível. Tim deixou de efetuar os pagamentos para manter a empresa funcionando. A cada duas semanas, a Savage Beast realizava uma reunião geral e Tim implorava aos funcionários que trabalhassem por mais algumas semanas sem receber — alguns saíram, mas muitos ficaram. Isso durou dois anos. Tim atingiu o limite de 11 cartões de crédito, acumulando dívidas em quase 150 mil dólares. A empresa quase faliu no início de 2003, quando ex-funcionários entraram com um processo para recuperar os pagamentos atrasados, mas Tim continuou a trabalhar por pouco ou nenhum salário. A Savage Beast acumulou 1,5 milhão de dólares em pagamentos atrasados aos funcionários, que Tim prometeu pagar um dia.

Ao mesmo tempo, Tim continuou a buscar capitais de risco, um atrás do outro. Mas depois do crash das "ponto com", os investidores não estavam interessados em uma empresa cujo modelo de negócios ainda não estava comprovado e/ou estava em mudança. Seu modelo de negócios começou a mudar quando eles passaram a refletir sobre

21. Conjunto de empresas que focam na comercialização eletrônica de produtos e serviços. [N.E.]

como poderiam ganhar dinheiro com o Music Genome Project. Um dos primeiros modelos foi integrar a tecnologia em quiosques de lojas de músicas, onde as pessoas podiam ir para ouvir trechos de produções musicais. Eles tiveram sucesso inicialmente em 2002, fazendo um teste em um desses quiosques em lojas. Isso levou a uma parceria com a AOL Music e a Best Buy, que compensou os pagamentos por alguns anos. No entanto, isso ainda não era capital suficiente. Naquele ponto, Tim havia apresentado a proposta para mais de trezentos investidores, que dispensaram a ideia.

Felizmente, eles conseguiram sobreviver até o início de 2004, apesar de estarem sem dinheiro. Tim sempre encontrou maneiras de infundir esperança na equipe e foi capaz de criar e moldar continuamente sua história e visão para manter os parceiros e entidades externas inspiradas a fazer negócios com eles. Naquela época, ele havia apresentado pitches a 347 investidores, tentando levantar sua próxima rodada de financiamento. Em março de 2004, Tim teve a oportunidade de falar com Larry Marcus, um investidor da Walden Venture Capital, que também era músico.

Larry adorou o potencial por trás do genoma em si e decidiu investir. A empresa acabou se tornando parte de uma rodada de 9 milhões de dólares com outros investidores. Tim e a Savage Beast ainda deviam cerca de 1,5 milhão de dólares em salários atrasados aos funcionários, bem como outras dívidas. Quando finalmente conseguiram aquela rodada de financiamento, Tim decidiu surpreender os funcionários. Na época, ele os manteve bastante isolados do processo de levantamento de fundos, de modo que ninguém sabia que ele havia conseguido daquela vez. Na reunião geral seguinte, Tim apareceu com uma enorme pilha de envelopes. Ele os pôs sobre a mesa e os entregou aos cinquenta funcionários na sala. Algumas pessoas receberam cheques de mais de 100 mil dólares.

A notícia melhor foi que, embora não tivessem fundos nos três anos anteriores, eles continuaram a aumentar a biblioteca do MGP. Quando conseguiram os nove milhões de dólares, a biblioteca tinha mais de setecentas mil canções e dez mil artistas, com cerca de dez mil novas canções sendo adicionadas a cada mês. Eles criaram um enorme banco de dados e uma propriedade intelectual muito valiosa. Depois de conseguirem a rodada de financiamento, eles decidiram sentar e pensar no que mais poderiam fazer com ele.

Apesar de todas as mudanças de equipe, estratégia, produto e história, eles ainda tinham uma missão e propósito semelhantes — apresentar música às pessoas e ajudar os músicos a ganhar a vida com seu trabalho.

Larry Marcus, o principal investidor, trabalhou com eles para aproveitar as vantagens do banco de dados que eles construíram a partir da biblioteca de música para descobrir como migrar de um modelo B2B[22] para um modelo de consumo por meio de uma rádio personalizada disponível na internet, que seria patrocinada por anúncios.

Eles trouxeram um novo CEO, Joe Kennedy, ex-executivo da E-Loan e da Saturn, e ele ajudou a desenvolver a ideia de usar o banco de dados do genoma musical como o centro de um serviço de rádio na Internet. Eles se livraram do nome Savage Beast e inventaram outro melhor. Kennedy rabiscou P-a-n-d-o-r-a na parte de trás de uma revista *Billboard*, e, assim, Pandora nasceu. Eles contrataram um investigador particular para encontrar os ex-membros de uma banda extinta chamada Pandora's Box e compraram o URL por cinco mil dólares. Em setembro de 2005 eles lançaram o Pandora.com, um serviço de streaming de rádio online que permitia aos usuários criar estações de rádio online dinâmicas, personalizadas, interativas e sem comerciais.

Hoje, o Pandora tem 76 milhões de usuários ativos que ouvem vinte bilhões de horas de conteúdo de streaming anualmente. O Pandora gera 1,5 bilhão de dólares em receita anual e já pagou mais de dois bilhões de dólares em taxas de royalties aos artistas desde que o serviço começou.

RELACIONANDO A HISTÓRIA DE TIM COM AVALIAR E REVISAR

A ideia de Tim para o Pandora não lhe ocorreu da noite para o dia. Foi um processo lento até chegar a um ponto de sucesso. Cada parte de sua

22. A expressão B2B, *business to business*, é utilizada para se referir a empresas que vendem produtos e serviços para outras empresas. Ou seja, B2B é um modelo de negócio de empresa para empresa em que uma é a fornecedora e a outra é o cliente. [N.E.]

história teve que ser revisada e reescrita ao longo do caminho. Desde seu início como músico até sua transição para compositor de trilhas sonoras e a criação de sua startup, Savage Beast, Tim teve que aprender e crescer com seus erros. Ele resistiu aos altos e baixos para encontrar a combinação perfeita de seus talentos e experiências. Como músico, Tim entendeu as dificuldades de encontrar um público. Como compositor, o trabalho de Tim era entender o que o diretor musical queria para o filme. Ele criou um sistema de entrevista que foi pioneiro na dinâmica de "*like*" e "*dislike*". Isso dava a ele a capacidade de prever o que os diretores iriam querer, o que por sua vez deu-lhe a ideia de codificar sua abordagem genômica para entender gostos musicais e aproveitar a tecnologia para construir um mecanismo de recomendação. Cinco anos e muitos mais erros e acertos depois, Tim finalmente chegou ao que todos nós conhecemos hoje como rádio personalizada através do serviço de streaming Pandora.

A parte mais legal da história de Tim é que ele se tornou um especialista em revisões. Nos cinco anos em que Tim e sua equipe trabalharam para permanecer vivos no início dos anos 2000, eles aprenderam o que dava certo e o que não dava. Embora tivessem um protótipo funcional de sua ideia inicial, eles perceberam que não tinham o modelo de negócios, a visão e a história certos para o que estavam tentando fazer, e tiveram que revisá-los continuamente. Tim teve que persistir durante suas buscas por financiamento, passando por mais de trezentas propostas malsucedidas com investidores e aprendendo com cada erro. Ele revisou continuamente seu argumento de venda até que finalmente conseguiu o investidor certo no momento certo.

Uma das características mais impressionantes de Tim é sua capacidade de mudar e adaptar sua história ao longo do tempo e permanecer fiel à sua visão. Com a Savage Beast e o Pandora, Tim navegou habilmente o rio de mudança narrativa pelo qual as startups passam quando o mercado e os negócios estão em um estado de mudança. Sua habilidade de evoluir o ajudou a ter a ideia original para a empresa, garantir a primeira rodada de financiamento e sobreviver por anos através dos muitos desafios que enfrentou. Sua flexibilidade o ajudou a perceber que uma mudança completa no modelo de negócios era necessária para que o sucesso fosse alcançado. Isso o ajudou a criar um produto pelo qual os consumidores se apaixonaram e que levou a uma nova abordagem do rádio tradicional e da indústria de transmissão.

Eu filmei Tim em uma conferência anos atrás, que apresentou líderes mundiais de diferentes classes que constroem culturas de alto desempenho, e seu amor pela música e paixão por dar vida à sua ideia ainda eram palpáveis. Tim é um contador de histórias autêntico e sincero. Seu charme e carisma permitem que ele compartilhe sua crença na marca e na visão do Pandora como plataforma. Não importa quantas vezes Tim teve que reescrever a história do Pandora, uma coisa permaneceu constante: seu objetivo, visão e missão de ajudar os músicos a encontrar seu público e ajudar o público a encontrar músicas novas e excelentes.

CAPÍTULO DOZE

PRATICANDO SUA HISTÓRIA

AGORA QUE SUA HISTÓRIA FOI CONSTRUÍDA, AVALIADA e revisada, é hora de praticá-la e testá-la. Praticar permite que você aprimore a maneira de narrar os eventos. Se você tem feito todo esse trabalho sozinho, esta será a primeira vez que você compartilhará sua história com outras pessoas, e isso o ajudará a identificar os pontos fracos e áreas potencialmente confusas.

Praticar, não importa com quem ou como é feito, deve ser uma fase na qual você gasta uma quantidade significativa de tempo. Não pratique apenas uma vez — faça isso repetidamente. Quanto mais você praticar, melhor você ficará. Ao praticar sua história, você começa a desenvolver um ritmo que faz as coisas fluírem suavemente. Você também começa a internalizar o conteúdo.

A prática é extremamente importante para as narrativas por causa da maneira como nosso cérebro funciona. Um estudo feito por uma equipe de fisiologistas, publicado no *Journal of Neuroscience*, demonstrou que quanto mais você pratica uma nova habilidade, menos energia o cérebro usa durante aquela atividade, passando a se concentrar em outras coisas.

Isso permite que você se preocupe menos com o conteúdo e mais com a apresentação ou interação com seu público por meio do contato visual ou do posicionamento corporal.[23]

A prática torna mais fácil para o cérebro mover dados e, portanto, aumenta a eficiência e a velocidade operacional. Quando você pratica, você altera fisicamente o cérebro. Essencialmente, quando você aprende algo novo, várias partes do cérebro são ativadas. Quando você apresenta sua história para um público, por exemplo, o cérebro coordena um conjunto complexo de ações que envolvem processamento de som e imagem, habilidades de linguagem verbal e até mesmo nossas funções motoras. Inicialmente, sua história parecerá artificial, estranha e rígida.

Quanto mais você pratica algo, mais natural se torna. O processo parecerá mais suave porque você começará a memorizar o conteúdo e desenvolver seu fluxo no discurso, e isso se tornará uma segunda natureza. Em vez de soar como se estivesse repetindo o que memorizou palavra por palavra, vai soar como se você estivesse compartilhando uma experiência naturalmente.

À medida que você pratica, recomendo fortemente que estude alguns dos grandes contadores de histórias mencionados neste livro: Howard Schultz, da Starbucks, Sara Blakely, da Spanx, Scott Harrison, da Charity: Water, Tony Robbins e muitos outros. Procure vídeos deles na web. Observe como eles contam suas histórias. Visite o site Storytelling for Entrepreneurs e estude nossas histórias e análises desses fundadores famosos. Sua história vai te acompanhar durante a vida de sua empresa e além; esse investimento na prática vale o tempo, a energia e o gasto emocional. Ao praticar, sua história se torna uma extensão natural de seu ser, porque você não precisa mais se preocupar em memorizar o que está dizendo e como está dizendo; simplesmente será algo como compartilhar uma parte de você. Por meio da prática, é possível atingir aquele nível em que sua história se torna o canivete suíço que pode ajudá-lo a suprir todas as necessidades de seu negócio.

---

23. Helen J. Huang, Rodger Kram e Alaa A. Ahmed, "Reduction of Metabolic Cost during Motor Learning of Arm Reaching Dynamics," *Journal of Neuroscience* 32, n. 6 (2012): 2182–90, DOI: https://doi.org/10.1523/JNEUROSCI.4003-11.2012.

Há três públicos com os quais recomendo que você pratique. O primeiro é você mesmo; o segundo é sua família e amigos — aqueles mais próximos a você; e o terceiro é sua rede profissional — colegas, mentores e outros empreendedores.

PRATIQUE COM VOCÊ MESMO

Frequentemente, desconsideramos o quão bons podemos ser em dar feedback a nós mesmos. Somos todos grandes críticos porque constantemente tomamos decisões sobre as coisas às quais optamos por dar nossa atenção neste mundo e desenvolvemos filtros que nos ajudam a discernir o que é de boa qualidade e o que é de má qualidade.

Existem três maneiras altamente eficazes de praticar com você mesmo. Primeiro, leia sua história em voz alta e ouça atentamente como ela soa. Existe emoção? Inflexão? Ela te deixa interessado ou entediado? Sua história deve parecer coloquial. Se você ler a descrição de um cargo em voz alta, soará como a descrição de um cargo. Sua história não deve soar como uma descrição de trabalho. Ela deve atrair a atenção para você, ser convincente e tocar no emocional de seu público.

Algo que pode ser útil durante essa fase de prática é gravar a si mesmo enquanto lê em voz alta. Pode ser em áudio, em vídeo ou em ambos. Cada modalidade permitirá que você perceba a maneira como a história soa, e o vídeo o ajudará a ver a aparência da coisa toda. Eu sei... é estranho se ver na câmera. Pouquíssimas pessoas gostam de se ver na tela, mas, ao filmar a si mesmo, você detectará todas as pequenas nuances que acontecem durante a narração que podem ou não ser benéficas.

Ao registrar sua história, você pode trabalhar no timing. Muitas pessoas pensam que sua história tem sessenta segundos de duração, mas, quando gravam, descobrem que leva de três a quatro minutos, e que elas nunca perceberam isso. Gravar sua história é uma ótima maneira de editá-la e revisá-la como ouvinte, e não como contador. Ao reproduzir a gravação de áudio ou vídeo, você pode fazer anotações ou alterações na versão escrita de sua história como um editor faria.

Quanto mais você pratica e revisa, mais pode criar diferentes durações para a história, de modo que esteja preparado para qualquer situação ou contexto. Muitas vezes nossas histórias acabam sendo publicadas em sites, ou precisamos escrevê-las em um e-mail que enviamos, e você quer ter certeza de que o leitor entenderá o que você está dizendo e no que está interessado.

AMIGOS E FAMÍLIA

O segundo público que pode ajudar são seus amigos e familiares. Devem ser pessoas que estão torcendo para que você tenha sucesso e que estejam dispostas a dedicar tempo e energia para ajudá-lo com sua história. Aproveite esse tempo para observar as respostas deles e praticar ainda mais para que a contação da sua história continue a se tornar mais natural. Recomendo que faça isso pessoalmente, mas se precisar fazer por telefone, ou se precisar gravar e enviar por e-mail para alguém, também funcionará, contanto que essas pessoas estejam dispostas a fazer o acompanhamento e fornecer feedback.

Gosto de pensar nisso como um espaço seguro para praticar. Embora seja ótimo praticar na frente de outras pessoas, a probabilidade de você receber uma perspectiva realista desse grupo é muito baixa. Na maioria das vezes, amigos e familiares não dão o feedback sincero e sem filtro de que você precisa para melhorar sua história. Isso ocorre porque eles vão dar uma opinião tendenciosa a seu favor para a maioria das coisas que você faz, ou podem não lhe dizer o que realmente pensam, já que são próximos de você. No entanto, você ainda deve praticar com eles, porque eles irão apoiá-lo de qualquer maneira, e esse apoio lhe dará a confiança para continuar. Além disso, você pode ter sorte e ter alguns amigos e familiares que lhe darão um feedback sincero. Eles podem encontrar todos os tipos de problemas com a sua história ou até mesmo pensar que não é uma boa história — o que pode ser inestimável nessa fase, mesmo se você não concordar com o que disserem. É uma boa prática passar por esse processo e ouvir as opiniões, boas ou ruins. A essa altura, qualquer feedback que você receber será benéfico.

SUA TRIBO PROFISSIONAL

O terceiro grupo com o qual praticar é a sua tribo profissional, que consiste tipicamente em sua rede de negócios próxima — geralmente, ela tem um posicionamento favorável em relação a você, mas, por ser um pouco mais distanciada, será capaz de lhe dar um feedback mais próximo do que um público do mundo real pensaria. Essas pessoas provavelmente são outros proprietários de negócios, mentores, consultores e parceiros de negócios. Para aqueles que são ou foram fundadores, há uma boa chance de que eles já tenham tido experiência contando sua própria história. Ao contatar esses pares e colegas profissionais, você tem a chance de receber um feedback construtivo porque eles muito provavelmente já estiveram na mesma situação. Eles poderão dizer o que aconteceu com eles e como evitar certas armadilhas, ou podem oferecer conselhos sobre o que funcionou e o que não funcionou para eles.

Embora esse público seja o grupo que está mais próximo de uma audiência real, tenha em mente que o feedback que você receberá dele provavelmente não representa o feedback exato que você receberá dos públicos com os quais deseja compartilhar sua história, como investidores, jornalistas e clientes.

COMO SOLICITAR FEEDBACK

Em vez de simplesmente compartilhar sua história e dizer, "Ei, me dê algum feedback", recomendo que você tenha cinco perguntas prontas para o seu público de teste, para que possa obter respostas estruturadas úteis. Essas cinco perguntas o ajudarão a obter feedback específico.

1. Qual foi a melhor parte da história e por quê?
Com essa pergunta geral é possível verificar se eles identificaram o gancho ou aquele aspecto memorável da história que você queria que eles se lembrassem. Você também descobrirá rapidamente se obteve e manteve a atenção deles.

2. Qual foi a parte mais fraca da história e por quê?
Aqui você estará verificando se há algo que não funciona ou não é forte o suficiente para ser incluído na história.

3. Você compartilharia essa história com outra pessoa? Por qual motivo?
Esse é um teste para determinar se sua história é convincente e envolvente o suficiente para que eles queiram compartilhar com outras pessoas. Nas respostas deles, você também poderá avaliar um certo nível de entusiasmo. Se disserem que sabem exatamente com quem vão compartilhar sua história, você está no caminho certo. Se disserem, "Sim, eu compartilharia", mas não parecerem muito entusiasmados, então considere revisar sua história para torná-la mais atraente. Pergunte o que os deixaria mais entusiasmados em compartilhá-la ou até mesmo os motivos pelos quais não compartilhariam. Esse tipo de investigação pode fornecer informações valiosas para se descobrir maneiras de tornar sua história mais cativante.

4. Você pode repetir para mim?
Nem todo mundo vai querer fazer isso, mas se eles puderem contar uma versão curta de sua história, então, você saberá que a tornou memorável. A capacidade deles de articular a história de volta para você é um reflexo direto de sua habilidade de contá-la. Se forem capazes de articular sua história com precisão, esse é um bom teste decisivo para determinar que sua história foi eficaz, convincente e memorável. Se tiverem problemas, você deve decidir se foi algo que você fez de errado ou se eles

simplesmente não estavam prestando atenção. De qualquer maneira, você obterá informações valiosas sobre o impacto e a memorização de sua história e a capacidade de terceiros de repeti-la.

5. Como você se sente e por quê?

Isso volta ao seu objetivo de história. Lembre-se de que o objetivo da história não é a necessidade do negócio. O objetivo da história é deixar seu público com um sentimento específico. Se o sentimento que você obtém como resposta depois de fazer esta pergunta está de acordo com o sentimento que você queria produzir, então, você alcançou o objetivo de sua história.

USANDO O FEEDBACK

À medida que você passar por esse processo e receber feedback, lembre-se do que minha mãe, Eva Graft, diz: "Ouça tudo o que tenho a dizer, pegue o que precisar e jogue fora o resto." Considere todo esse feedback com cautela, porque todos terão uma opinião. Há uma boa chance de você obter feedbacks diferentes de pessoas diferentes. Alguns dos comentários não serão úteis e alguns serão esclarecedores. Avalie o feedback e modifique a história conforme avança.

Eu o encorajo a aplicar a mesma filosofia quando estiver ouvindo todos os comentários, porque se você realmente acredita no que está fazendo, vai continuar trabalhando na ideia, independentemente do que as pessoas digam. No entanto, esteja aberto aos comentários. Ouça e aceite com sinceridade. Concentre-se no feedback crítico que realmente parece ter o potencial de melhorar sua história. Se você sempre ouve a mesma coisa, mas não necessariamente concorda com isso ou não tem certeza de como agir, então procure alguém para ajudá-lo. Esta pode ser uma situação em que você precisará reunir uma equipe de pessoas para uma espécie de intervenção, onde elas discutirão sua história em grupo — debatendo o que funciona e o que não funciona. Use esse feedback para ajudá-lo a avaliar e modificar sua história. Quanto mais você compartilhar sua história, mais saberá o quão eficaz ela é, e melhor a história se tornará.

TESTANDO SUA HISTÓRIA

Depois de praticar sua história, você precisa testá-la em um ambiente real. A diferença entre testar e praticar é que a prática não apresenta riscos reais. Você pratica com pessoas que conhecem e se preocupam com você e que querem ver seu sucesso. Quando você testa sua história, existe algum nível de risco. O investidor pode dizer não; o cliente pode recusar sua proposta. Quando você introduz o risco, a pressão é automaticamente criada. A pressão é uma das coisas da vida a que não sabemos como iremos reagir, a menos que experimentemos em primeira mão. O bom das situações em que há pressão é que elas o forçam a se preparar melhor, porque você sentirá o peso das consequências por compartilhar sua história. Ao praticar e testar em meio à pressão, com o tempo você melhora e a coisa fica mais fácil.

Quando você contar sua história, recomendo começar por ambientes de baixo risco. Comediantes profissionais fazem isso com frequência. Em vez de sair em tour quando têm um novo material, eles vão testá-lo em clubes locais ou em noites de microfone aberto. Eles não marcam uma agenda completa de aparições antes de praticar e testar o material.

Você pode fazer a mesma coisa em eventos locais e regionais de seu setor. Faça discursos em universidades e escolas. Quase toda cidade tem algum tipo de evento de networking ou reunião relativo a uma área ou campo de negócios que adoraria ouvi-lo falar. Em vez de tentar entrar em contato com o *USA Today*, talvez haja um jornal local ou de bairro com o qual você possa compartilhar sua ideia ou história.

Na próxima vez que for convidado para uma reunião e tiver que andar pela sala e se apresentar, use esses sessenta segundos para contar uma breve versão de sua história. Você descobrirá que, se causar uma impressão positiva, as pessoas virão até você depois e pedirão para saber mais ou pedirão sua ajuda.

São nesses ambientes reais que você pode aproveitar oportunidades de baixo risco para ver como as pessoas reagem. Elas respondem de uma forma que atende às suas necessidades de negócios? Elas escrevem sobre você no jornal local? Como em um material de teste de comediante, você arrancou alguma risada quando contou uma piada? Alguém veio até você após a reunião e pediu para saber mais? Ou perguntou se você precisava de um investidor? Essas perguntas e cenários são ótimas maneiras de identificar se sua história está funcionando da maneira que você deseja.

Esses também são momentos em que você pode obter feedback. Se houver tempo e seu público permitir, você pode fazer as mesmas cinco perguntas que fez aos grupos de antes. Se, durante o processo de teste, você perceber que a audiência em questão olha para você com olhares perplexos ou faz um milhão de perguntas depois, ou nenhuma pergunta, isso é uma indicação de que sua história não é clara. Nesse ponto, seria sensato reavaliar sua história e ver onde você pode simplificar ou substituir certas coisas para tornar tudo mais interessante.

No caso do FindMyFourLegger.com, se eu percebesse que o público estava me ignorando ou ficando confuso, eu revisava de acordo. Pode ser que queiram saber mais sobre o produto. Nesse caso, eu acrescentaria que o dispositivo preso à coleira brilha no escuro, de modo que o cão fica mais visível à noite. Ou posso explicar que funciona como o Find My iPhone. Se as pessoas estivessem distraídas logo no início, eu poderia passar mais tempo explicando por que meu cachorro é tão importante para mim no início da história.

Ao revisar, cabe a você decifrar o feedback e, em seguida, pensar em maneiras de tornar sua história mais atraente. O incidente chama a atenção do público? Você está compartilhando obstáculos suficientes para que o público entenda quanta coisa você já passou? O resultado é poderoso o suficiente para que eles sintam que precisam do seu produto ou serviço? Isso os faz querer compartilhar a história com outra pessoa?

Outra forma de testar sua história e que imita a realidade é migrar entre diferentes mídias. Digamos que você se encontre com alguém e compartilhe sua história pessoalmente. Quando for revisá-la, experimente um meio diferente, seja escrever ou filmar. No mundo real, muitas vezes você não tem escolha sobre como sua história será contada. Você pode encontrar um investidor em um elevador, pode ser entrevistado em uma estação de notícias local ou pode ter que escrever um e-mail para enviar a um cliente em potencial. Em qualquer caso, é melhor estar preparado para apresentá-la.

Quanto mais você praticar passar de um meio para outro, mais eficaz será em contar sua história em qualquer situação. Por exemplo, digamos que você esteja trabalhando em sua história no Microsoft Word e sinta que ela está forte. No entanto, dois dias depois, você se encontra no metrô com alguém com quem gostaria de falar há cinco meses. Você deve estar preparado para contar sua história sem precisar ter um documento ou dispositivo na sua frente. Estar preparado para compartilhar sua história em qualquer meio e praticá-la consistentemente irá encaminhá-lo para o sucesso.

HISTÓRIA DO FUNDADOR: MARC BENIOFF

Marc Benioff, fundador da Salesforce.com, revolucionou todo um setor com base em sua visão de como o software empresarial precisava ser alterado. Como parte de seu processo para tornar essa visão uma realidade, ele praticou e testou ideias e histórias muito antes de colocá-las em prática, porque sabia que seriam essenciais para seu sucesso.

Marc trabalhava para a Oracle, uma das empresas de software empresarial mais bem-sucedidas da história, e era um de seus principais vendedores, mas não estava mais motivado ou inspirado. Então, ele perguntou a seu chefe, o fundador Larry Ellison, se ele poderia tirar um "miniano" sabático. Àquela altura, depois de Marc ter passado uma década trabalhando para a empresa com enorme sucesso, Larry atendeu ao pedido. Marc tirou um recesso de seis meses e partiu em uma busca global para redescobrir sua paixão. Ele alugou uma cabana de praia no Havaí, explorou o Mar da Arábia em barcos de produtores de arroz e viajou para a Índia, onde conheceu o Dalai Lama. Um de seus bons amigos, Arjun Gupta, que estava abrindo uma empresa no Vale do Silício, acompanhou-o durante a viagem à Índia.

Durante essa viagem, eles encontraram uma pequena cabana em uma cidade chamada Trivandrum. Lá eles conheceram Mata Amritanandamayi, mais carinhosamente conhecida como a "santa que abraça". Eles se sentavam com Mata em sessões de meditação, transmitindo a ela que eles estavam em uma missão. Ambos estavam em um momento de suas vidas em que buscavam mais. Eles confessaram tudo sobre suas vidas, falando sobre suas ansiedades e medos, bem como sobre suas esperanças e sonhos. Arjun até pegou seu plano de negócios para uma nova empresa e começou a lê-lo para a santa. Ele falou sobre o futuro da tecnologia e dos dispositivos móveis, que iriam passar a depender largamente das nuvens e conectividade. A guru Mata sentou-se pacientemente ouvindo Arjun por uma hora, depois se virou para ele e disse: "Enquanto você trabalha tanto para mudar o mundo e fazer todas essas coisas incríveis, não se esqueça de fazer algo pelos outros."

Enquanto Marc ouvia a guru falar com Arjun, ele sentiu como se ela estivesse falando com ele. Ocorreu-lhe que não precisava escolher entre fazer negócios e fazer o bem. Isso fez Marc pensar que talvez houvesse uma abordagem diferente para o software corporativo — uma ideia que se manifestaria de alguma forma nos próximos meses. No dia seguinte, Marc e Arjun voltaram para casa, nos Estados Unidos. Arjun começou sua nova empresa e Marc voltou para seu escritório na Oracle.

De volta à Oracle, Marc recebeu o que ele chama hoje de "telefonema fatídico". Ele foi convidado a participar do President's Summit for America's Future, como representante da Oracle. Na conferência, Colin Powell, general norte-americano que foi secretário de Estado dos EUA, fez um discurso inspirador sobre retribuir filantropicamente às comunidades e aos jovens. O discurso terminou com: "Lembre-se disso. Vá lá fora e faça algo por outras pessoas." Para Marc, esse discurso foi outra epifania. Ele sentiu como se Colin Powell estivesse repetindo as palavras que ouvira de Mata. Ao retornar à Oracle, ele conversou com seu chefe, Larry Ellison, sobre a criação de uma fundação. Larry concordou com o plano e Marc colocou em ação. Durante o dia, ele construía produtos e serviços para os clientes da Oracle. À noite e nos primeiros horários da manhã, ele ajudava a colocar computadores novos em escolas, treinava professores para usá-los com eficácia e trabalhava com crianças.

A fundação de Marc teve um ótimo começo. Ele até recebeu um telefonema do próprio Colin Powell. O general estava ajudando uma escola, a MacFarland Middle School em Washington, e Marc e sua equipe foram chamados para instalar computadores. Em um dia extremamente quente na capital dos Estados Unidos, Marc e sua equipe de três engenheiros dirigiram-se à escola para instalar os computadores com a ajuda de outros membros da equipe Oracle. No entanto, eles encontraram um problema. Não havia ninguém para ajudá-los a carregar os computadores pelos três lances de escada até o laboratório de informática. Era fim de trimestre e nenhum dos funcionários da Oracle tinha aparecido porque eles tinham que se concentrar em atingir seus números de vendas. A tarefa era impossível. Marc ligou para o general Powell e disse que eles teriam que reagendar — ele não tinha mão de obra para concluir o trabalho. Marc se desculpou profusamente, mas o telefone ficou mudo. O general desligou na cara dele. Marc se sentiu péssimo.

Um pouco depois, o telefone tocou. Era o engenheiro chefe da equipe de Marc. Um batalhão de fuzileiros navais tinha aparecido na escola e estavam instalando todos os computadores. Embora o projeto tenha sido um sucesso, Marc se sentiu como se tivesse decepcionado o general porque os funcionários da Oracle não haviam aparecido. Ele ficou sentado em sua mesa sentindo-se abatido. Talvez tivesse entendido tudo errado. Talvez tentar fazer essas coisas altruístas junto com negócios e tecnologia fosse impossível.

Marc aprendeu algo naquele dia. Se você pretende conectar empresa e filantropia, precisa integrar a filantropia profundamente em sua cultura. Não é algo que pode ser simplesmente adicionado. Naquele momento, Marc soube que era hora de deixar a Oracle e lançar seu próprio negócio. Marc largou o emprego, alugou um apartamento em São Francisco e começou a trabalhar em sua missão. Fortemente influenciado por seu tempo na Índia e seu retiro sabático da Oracle, ele sabia que precisava de um tipo diferente de abordagem para a forma como a tecnologia, e, especificamente, os softwares, era feita. Ele também queria construir do zero uma empresa que integrasse uma cultura de caridade.

Ele teve uma ideia de como construir sua nova empresa enquanto dormia. Marc teve um sonho estranho em que visualizou a Amazon. com, mas, em vez de guias com Livros, CDs, DVDs e assim por diante, elas diziam Contas, Contato, Oportunidades, Previsões e Relatórios. Naquela manhã, ele acordou com as palavras de Walt Disney em sua cabeça: "Se você pode sonhar, você pode fazer." Embora ele não tivesse ideia de como faria isso, ele sabia que sua missão estava definida.

Marc teve uma ideia para uma abordagem de software empresarial que seria diferente — barata, fácil de usar e acessível de qualquer lugar do mundo. Ele declarou guerra contra a maneira tradicional como os softwares eram vendidos e entregues às empresas e começou sua missão de fornecer uma maneira melhor de atender aos clientes de tecnologia.

Ele começou a fazer grandes declarações sobre enfrentar grandes empresas estabelecidas, como a Siebel Systems e até mesmo a própria Oracle. Publicamente, ele definiu a missão para sua startup como "O Fim do Software". Todos pensavam que ele iria fracassar, mas ele seguiu em frente, criando um logotipo e um slogan de "Sem Software" semelhante ao logotipo do filme *Os Caça-Fantasmas*. Ele até fez com que o número de telefone da linha de vendas da empresa fosse 1-800-NO-SOFTWARE.[24]

Marc constantemente testava suas ideias com amigos, a imprensa e clientes para que ele pudesse aprender o que agradava eles e o que nao. Ele convidava amigos e colegas para seu apartamento, que era a sede de sua startup, a qual ele chamava de Salesforce, para experimentar o software e fornecer feedback irrestrito sobre o que gostavam e odiavam. Testar suas ideias permitiu que ele ajustasse constantemente sua mensagem e seus argumentos de venda.

Em 21 de julho de 1999, o *The Wall Street Journal* publicou uma matéria de primeira página chamada "Programas cancelados: o software

24. Nos telefones dos EUA, as teclas numéricas representam de três a quatro letras, então, discar "1-800-NO-SOFTWARE", na verdade, significa discar 1-800-66-76389273. [N.E.]

está se tornando um serviço online, sacudindo toda uma indústria". O artigo falava sobre o conceito de software como serviço e gerou muita repercussão, embora o lançamento ainda estivesse a seis meses de distância. Outras publicações abordaram o tema "o fim do software como o conhecemos" e publicaram artigos subsequentes.[25] A empresa de Marc se destacou por causa da prática e dos testes constantes de suas ideias. Foi o que lhe permitiu fazer com que empresas da Fortune 500 se inscrevessem em seu software como serviço antes mesmo de o produto existir. Esse produto se tornaria conhecido como Salesforce.com.

Hoje, a Salesforce tem 13 mil funcionários e cinco bilhões de dólares em receita. Mantendo as lições que aprendeu com Mata e Powell, Marc decidiu criar uma filantropia radicalmente diferente que foi integrada ao Salesforce desde o primeiro dia. Ele chamou de 1-1-1. A Salesforce estaria para sempre comprometida a dedicar um por cento de seu patrimônio, um por cento de seu lucro e um por cento do tempo de seus funcionários em uma instituição de caridade pública. Seus esforços receberam elogios das revistas *Fortune* e *Forbes* e somaram cinquenta milhões de dólares para instituições de caridade.

O estilo e a história de Marc são ótimos de se estudar porque, além de sua capacidade de testar e praticar suas ideias, uma das maiores razões pelas quais os métodos de Marc funcionaram foi a grandeza da ideia que Marc expôs. Era um tanto estranho que ele fizesse afirmações como "o fim do software" e isso gerasse uma tonelada de publicidade gratuita. Ele também jogou a carta de azarão. Sua empresa era o Davi, e os outros líderes do setor, como a Siebel Systems, eram os Golias. Ele virou as forças dos gigantes contra eles próprios e usou seu tamanho pequeno e sua natureza arrogante como vantagens atraentes. Claro, essa abordagem não é para todos, mas todo empreendedor pode pegar emprestado um pouco da bravata de Marc, porque você vai precisar de um pouco disso ao enfrentar o mundo real.

---

25. Marc Benioff e Carlye Adler, *Behind the Cloud: The Untold Story of How Salesforce.com Went from Idea to Billion-Dollar Company-and Revolutionized an Industry* (San Francisco: Jossey-Bass, 2009).

CAPÍTULO TREZE

DOMINE SUA HISTÓRIA

AGORA QUE VOCÊ PRATICOU SUA HISTÓRIA e está preparado para compartilhar sua criação com o mundo, há algumas coisas que quero que você leve consigo.

Em primeiro lugar, deixe-me dizer: estar em dúvida agora é normal. Você pode estar pensando: histórias são realmente tudo isso? São tão poderosas quanto este livro as faz parecer? As pessoas realmente vão querer ouvir minha história? Isso me ajudará, como fundador, a ter mais sucesso nos negócios?

Mesmo sendo alguém que bebe tanto da fonte do storytelling como eu, ainda fico em dúvida de vez em quando. Cada vez que me pego pensando se todo esse trabalho em torno de uma história vale a pena, lembro-me de um pequeno experimento que o escritor/analista de marca Joshua Glenn e o colaborador do *The New York Times* Rob Walker realizaram, chamado Objetos Significativos. Joshua e Rob tinham uma hipótese: "A narrativa transforma objetos insignificantes em significativos."

Eles acreditavam que "as histórias são um condutor tão poderoso de valor emocional que seu efeito sobre o valor subjetivo de qualquer objeto pode realmente ser medido objetivamente".[26] Para testar essa crença, eles criaram um experimento. A ideia deles era fazer com que um escritor talentoso inventasse uma história sobre um objeto do dia a dia e ver se essa história agregava valor ao objeto. Eles acreditavam que "investido de um novo significado por esta ficção, o objeto iria — de acordo com nossa hipótese — adquirir valor não apenas subjetivo, mas objetivo. Como testar nossa teoria? Via eBay!"

Para provar sua teoria, eles compraram cem objetos em brechós e vendas de garagem por um custo total de 128,74 dólares. Eles então contrataram escritores para criar contos fictícios para cada objeto e os colocaram à venda no eBay. Depois que as histórias foram concluídas, eles postaram os itens com as histórias fictícias no eBay com um aviso de que as histórias eram puramente ficção. Eles tiveram o cuidado de garantir que os clientes do eBay não sentissem que estavam caindo em algum tipo de fraude, então incluíram a assinatura do autor na história. Isso garantiu que quem visse a lista soubesse que não era uma história verdadeira. Quando as vendas eram concluídas, eles enviavam o "objeto significativo" junto com a história fictícia do objeto impressa. Os autores mantiveram todos os direitos sobre suas histórias, e o lucro líquido da venda foi dado ao respectivo escritor. Aqui está um exemplo parcial de um dos itens postados junto com uma história:

ITEM: PIMENTEIRO
CUSTO: 99 centavos
HISTÓRIA DE DESCRIÇÃO DO EBAY

Lily hesita diante da porta aberta da despensa vazia. Sozinho em uma das prateleiras está um saleiro branco prateado, aparentemente a única coisa deixada para trás por quem viveu nesta pequena casa. O dedo de Lily segue as marcas de perfuração do S que se estende ao longo do topo, e ela imagina a pequena abertura, a pegada firme, a batida do

26. "About the Significant Objects Project", Significant Objects, acesso em 12 de novembro de 2018, http://significantobjects.com/about/.

> objeto. Ela o sacode, mas nenhum grão se move lá de dentro. Quando ela começa a torcer o topo, um leve som de arranhado metálico da rosca a faz parar, como se o som fosse um aviso. Ela coloca o saleiro de volta na prateleira...[27]

A história continua, com a personagem Lily imaginando fazer uma viagem em um barco para procurar o companheiro perdido desse saleiro. A narrativa aborda os temas da busca por equilíbrio no mundo — encontrar alguém que nos complete — e de encontrar nosso próprio caminho para casa. Depois de ler a história sobre aquele pimenteiro, a mente de todos ficava em polvorosa.

O pimenteiro de 99 centavos foi vendido por 28 dólares. Esse é o poder de uma história.

Ao final do projeto, todos os cem objetos foram vendidos por um total de 3.612,51 dólares. Adicionar histórias a esses itens aparentemente "sem valor" produziu um retorno 28 vezes maior que o investimento. Para ter certeza de que sua hipótese estava correta, Joshua e Rob repetiram o estudo anos depois, com resultados semelhantes. Sua hipótese se provou correta mais uma vez: adicionar história aumenta o valor. Este é um dos principais motivos pelos quais escrevi este livro — ajudar o leitor a alavancar sua jornada de empreendimento através das vantagens de contar uma boa história. Sua história agregará valor a tudo em seu negócio.

ENCONTRE AQUELES QUE TÊM FÉ

O experimento dos Objetos Significativos ilustra a próxima coisa que quero que você leve consigo: buscar o público certo.

Uma das razões do próprio eBay ter tanto sucesso é que ele demonstrou que existe um mercado para quase todos os tipos de objetos no

27. Philip Graham, "Pepper Shaker", Significant Objects, 14 de janeiro de 2010, http://significantobjects.com/2010/01/14/pepper-shaker/.

planeta — não importa o quão obscuros ou valiosos sejam. Você pode vender praticamente qualquer coisa no eBay, porque alguém em algum lugar quer aquele item (pelo preço certo). O eBay tornou possível para todos os vendedores encontrar um público que deseja seus itens.

Como fundador, você precisa encontrar as pessoas que desejam o que você oferece. Repetidamente, tenho visto empreendedores tentarem lançar sua ideia ou produto para todos que encontram. Eles acreditam que todos vão adorar o que têm a oferecer, mas a vida e a realidade não funcionam assim. Nem todo mundo vai gostar do que você oferece, assim como nem todo mundo vai querer aquele saleiro do eBay.

Seu trabalho, então, não é se preocupar em convencer as massas de que sua ideia ou produto são a coisa de que elas precisam ou o que desejam. Sempre haverá opositores e descrentes, e você constantemente os encontrará pelo caminho. Eles irão ignorá-lo por razões além do seu controle. Não importa quem você é ou o que seu produto ou serviço faz, sempre haverá alguém que ficará feliz em indicar os pontos negativos. Concentre-se em quem procura a Coca-Cola que você está vendendo. Se você está tentando vender algum tipo de bebida, encontre pessoas que estão com sede. Não tente vender gelo no Ártico ou lançar aquecedores de ambiente no deserto.

Não gaste sua energia e emoções indo atrás de todo mundo. Em vez disso, canalize seus esforços naqueles que têm fé. Encontre as pessoas que estão interessadas em apoiar o que você faz e vá atrás delas. Sua história terá mais significado para elas.

DOMINE

Meu pensamento final, e a coisa mais importante que você precisa fazer quando terminar sua história, é dominá-la completamente.

Isso parece intuitivo, mas o poder dessa reflexão se tornou incrivelmente claro para mim quando passei três dias com John Paul DeJoria, fundador dos produtos capilares Paul Mitchell, enquanto desenvolvíamos o episódio piloto do programa de TV (que acabaria se tornando a série da CNBC) criado e produzido por nós chamado *American Made*. A revelação que tive durante meu tempo com John Paul foi tão profunda que se tornou um elemento fundamental para o ensino e coaching de storytelling empreendedor que ofereço. A seguir, conto esta história.

HISTÓRIA DO FUNDADOR: JOHN PAUL DEJORIA

Em 2006, tive minha primeira oportunidade de criar um piloto para uma série de televisão. Para criar um piloto para um programa de TV de uma hora sobre empreendedores, tivemos que encontrar um fundador de alto perfil que estaria disposto a nos deixar descobrir aos poucos como criar esse programa do zero. Felizmente, um amigo nos apresentou ao bilionário John Paul DeJoria, e John Paul nos permitiu entrar em sua vida por três dias para registrar sua história para o episódio piloto. Ter acesso a um empreendedor conhecido não significava que seríamos imediatamente capazes de produzir um programa de televisão, mas tivemos sorte com John Paul, porque sua história exemplifica o sonho empresarial americano e sua história de fundo convincente nos deu uma base sólida para começar.

Os pais de John Paul se divorciaram quando ele tinha dois anos. Ele morava com sua mãe ao leste de Los Angeles, em uma condição de pobreza constante. Aos nove ou dez anos, ele vendia cartões de Natal de porta em porta e entregava jornais para ajudar a família a sobreviver. Aos 12 anos, sua mãe não conseguia mais sustentá-lo. Ele se viu morando em um lar adotivo e acabou ingressando em uma gangue de rua de Los Angeles. Felizmente, ele não ficou na gangue por muito tempo e ingressou na Marinha. Quando saiu da Marinha, ele trabalhou em vários empregos vendendo produtos de porta em porta — de material de limpeza a enciclopédias. Eventualmente, ele acabou na indústria da beleza porque acreditava que poderia fazer um nome para si mesmo vendendo produtos daquele nicho.

Ele estava indo bem em seus cargos de vendas. No entanto, seu sucesso era ameaçador na visão de outras pessoas, e ele acabou sendo demitido de três empresas diferentes para as quais trabalhou. Durante esses tempos difíceis, ele muitas vezes ficou desabrigado, morando em seu carro ou dormindo no sofá de algum amigo, ao mesmo tempo em que precisava cuidar de seu filho de três anos. Ele até ia a certos restaurantes, pedia água e dava uma gorjeta de um dólar à garçonete para que pudesse obter comida de graça no buffet de cortesia.

Apesar de todos esses contratempos, John Paul sabia que era um bom vendedor e tinha ótimas ideias. Eventualmente, ele se juntou a um homem chamado Paul Mitchell, que era químico.

Juntos, eles criaram uma combinação de xampu e condicionador que acreditavam ser melhor do que qualquer coisa no mercado e que seria fácil de vender. Eles encontraram um investidor para apoiá-los com quinhentos mil dólares para lançar a empresa, mas no último minuto o investidor desistiu. A essa altura, John Paul já havia assumido vários compromissos e estava determinado a lançar a empresa de qualquer maneira. Para fazer isso, ele precisava pensar rápido. Ele conseguiu cortar, reduzir drasticamente ou simplesmente atrasar quase todas as despesas. Infelizmente, o designer que fez toda a arte não aceitou um plano de pagamento, então John Paul e seu parceiro, Paul, juntaram o único dinheiro que tinha sobrado — setecentos dólares — para ajudar a pagar ao artista o trabalho do logotipo no design do frasco. Como a impressão em cores era muito cara, o logotipo tornou-se preto e branco. John Paul convenceu todo mundo a deixá-lo pagar o que devia dentro de duas semanas a trinta dias e começou a vender seu primeiro produto capilar na mala de seu carro, visitando um salão de beleza de cada vez.

Naquele primeiro ano, eles ganharam mais de um milhão de dólares. Hoje, sua empresa, agora chamada John Paul Mitchell Systems, vale mais de um bilhão de dólares e é uma das marcas de cuidados capilares mais conhecidas do mundo. E o estilo em preto e branco tornou-se icônico nessa indústria.

Durante aqueles três dias, enquanto ouvia John Paul, fiquei fascinado pela história de sua vida, mas, mais do que isso, queria entender o que tornava a narrativa de John Paul tão convincente. Os detalhes sobre sua vida montaram uma grande história, mas ele não era um orador eloquente como Howard Schultz, ele não tinha o apelo emocional de Scott Harrison, nem tinha necessariamente a mesma entrega incrível e apaixonada de Tony Robbins. John Paul tinha outra coisa.

Era algo que eu já tinha visto muitas vezes antes, mas nunca fui capaz de identificar. Por causa das habilidades que outros empreendedores de sucesso tinham em contar suas histórias, não era tão óbvio. Eles eram cativantes porque eram grandes oradores ou simplesmente contavam sua história de maneira incrivelmente bem. John Paul me deixou intrigado por outro motivo, que ficou claro naquele momento.

John Paul realmente dominava sua história. Era isso que o tornava tão atraente. Era mais do que uma narrativa simples sobre um bom vendedor, disso não há dúvida. Ele acreditava irrevogavelmente no que dizia.

Conheci muitas pessoas que vendem produtos, mas John Paul DeJoria era diferente. Ele não estava forçando a barra ou se gabando de maneira falsa sobre como os produtos eram bons. Ele tinha convicção. Ele acreditava honestamente, sem reservas, que seus produtos tornariam melhor a vida dos outros. Quando John Paul DeJoria falava da marca Paul Mitchell às pessoas, ele acreditava que uma pequena porção de seu xampu melhoraria a vida delas, porque seu cabelo teria uma aparência melhor e seria mais fácil de manejar. Quando ele falava sobre consumir aquela bela garrafa de Patrón, ele acreditava que a vida seria melhor porque você estaria bebendo uma das tequilas mais sofisticadas e de alta qualidade de todo o México, aproveitando a vida ao máximo.

Não importava que ele não fosse um orador talentoso porque cresceu nas ruas, ou que não fosse um grande contador de histórias porque era melhor em vendas; ele realmente acreditava que seus produtos iriam melhorar sua vida, resolver seus problemas e tornar tudo melhor. Ele tem total convicção e domínio sobre sua história, e isso induz as pessoas a comprar seus produtos ou a querer fazer parte do que quer que ele esteja fazendo.

Como empreendedor, você precisa abordar sua história da mesma maneira. Se quer que as pessoas sejam atraídas, você deve dominar sua história com total convicção, independentemente de onde seu negócio está. Se você não dominar sua história, ninguém mais o fará. A convicção e a crença são verdadeiramente contagiosas. Quando você conta sua história com reverência, entusiasmo e paixão, as pessoas vão começar a dizer: "Eu não sei o que eles estão fazendo, mas eu quero!"

Eu poderia escrever um livro inteiro sobre como fazer exatamente isso — na verdade, eu vou — mas, por enquanto, você está mais do que pronto. É hora de contar sua história.

CONCLUSÃO

QUANDO COMECEI A DAR PALESTRAS PARA EMPREENDEDORES e corporações, procurava citações poderosas para falar ao meu público no final das minhas sessões. Eu queria impressioná-los com o impacto duradouro que uma história poderia causar. Esta é a citação que mais compartilho:

Conte-me um fato e eu aprenderei. Diga-me uma verdade e eu acreditarei. Mas conte-me uma história e ela viverá em meu coração para sempre. (Provérbio indiano)

Eu a compartilho com você agora pelo mesmo motivo. O que aprendi e senti centenas, senão milhares de vezes, é que uma grande história pode tocar a parte mais profunda da alma e deixar uma marca indelével na mente. Todos nós nos lembramos de histórias que ouvimos ao longo de nossas vidas histórias que estão profundamente implantadas em nossas memórias por muitos anos.

O que é único em você como empreendedor é sua experiência de vida que levou à criação de seu negócio. Após a leitura deste livro, você aprendeu a criar uma história que não só tem o potencial de ser uma memória duradoura e impactante para seu público, mas que também pode convencê-lo a ajudar sua causa e a providenciar o que você precisa como fundador.

Por ser um fundador, você terá um suprimento infinito de oportunidades para contar sua história em um número incrivelmente diversificado de cenários e circunstâncias, desde o momento em que você inicia sua startup, passando por toda a vida de sua empresa e além.

Em cada evento de networking de que participar, em cada apresentação que fizer, em cada e-mail que enviar, você terá um momento para falar de seu produto. Para compartilhar sua história.

A forma como você gerencia esses encontros — sejam de trinta segundos, três minutos ou meia hora — pode ser determinante para a vida e o sucesso de sua empresa.

Você tem que ter a melhor história de fundação possível, porque nunca terá como adivinhar se um dado momento é a hora certa e o lugar certo ou se determinado ouvinte é a pessoa certa que o levará à venda, à introdução, ao investimento ou à publicação que o impulsionará em direção à grandeza.

Tudo o que abordei neste livro, e tudo o que você fez até agora, foi para prepará-lo para esses momentos. Abrace-os.

Esse canivete suíço do empreendedorismo que é a sua história será a alavanca que você usará em quase todas as situações críticas que enfrentar como fundador. É a coisa que celebra o que é único sobre você e sua proposta, enquanto constrói a ponte emocional para fazer com que seu público tome uma atitude que apoie sua causa.

Como empreendedor, você optou por se comprometer com algo maior do que você para tornar real uma visão que vai transformar a vida de outras pessoas para sempre. Você tem um desejo inabalável de fazer algo inesquecível e quer que sua história ilumine essa estrada.

Portanto, faça um balanço de cada experiência arrepiante, momento "eureka" ou memória contundente que tenha potencial para ser transformada em uma história por meio de tudo o que foi aprendido nos últimos 13 capítulos. Este é o momento de impulsionar sua história para ajudá-lo a conseguir o que precisa para construir um negócio incrível.

Domine este momento. Deixe uma marca permanente.

A história de hoje termina aqui. Mas para a sua história, este é apenas o começo.

E essa é a melhor parte.

AGRADECIMENTOS PELA JORNADA DO AUTOR

A HISTÓRIA DO LIVRO

ANOS ANTES DE COMEÇAR A ESCREVER ESTE LIVRO, eu estava em um período introspectivo, tentando encontrar minha vocação. Eu dirigia uma produtora de vídeos de sucesso, mas sabia que ainda não estava cumprindo meu destino. Eu adorava captar em vídeo e compartilhar histórias inspiradoras de empreendedorismo e, embora tivesse talento para isso, meu instinto e minha alma estavam me dizendo que eu devia fazer mais.

Durante esse período, a ideia de escrever um livro começou da maneira que acontece com muitos autores — pessoas dizendo que você deveria escrever um livro sobre tudo o que você fez na última década. Para mim, isso significava escrever tudo o que aprendi filmando e compartilhando histórias de empreendedores. Nesse ponto, o livro ainda era apenas uma ideia na lista de tarefas futuras.

A ÚNICA COISA

Então, em 2012, eu estava filmando uma conferência de empreendedores e pude conhecer e filmar um dos palestrantes principais do evento, Gary

Keller, o fundador da Keller Williams Realty.

Como alguém cujo ofício é filmar fundadores, poucas palestras ainda têm a capacidade de me deixar perplexo. Aquela noite foi diferente. Gary era diferente. O que ele disse, como disse, onde estávamos e, mais importante, o momento que eu estava vivendo (de buscar minha vocação) formavam uma perfeita sincronia.

Gary tinha acabado de escrever seu livro com Jay Papasan, *A única coisa*, e esse foi o ponto central de sua palestra. Ele começou compartilhando sua jornada no mercado imobiliário logo após a faculdade e como um grande revés o atingiu em cheio, na proporção que apenas um "negócio imobiliário que deu errado" pode fazer. Ele imediatamente começou a compartilhar grandes pérolas de sabedoria adquiridas com esse contratempo e começou a nos inundar com conselhos inestimáveis, história após história.

Comprei o livro de Gary no dia seguinte e comecei a internalizar o que ele havia dito na noite anterior — a premissa central de seu livro: "Qual é a ÚNICA coisa que você pode fazer de tal forma que, ao fazê-lo, todo o resto se torna mais fácil ou desnecessário?" Comecei a contemplar a "única coisa" que poderia fazer para me ajudar em minha busca. E eu dedicaria a primeira hora de cada dia àquilo.

E aí a ideia voltou. Eu estava focado em escrever um livro que me permitisse colocar minhas ideias, pensamentos e conhecimento no papel e me ajudasse a entender melhor qual era minha missão. Percebi que escrever um livro poderia ser um catalisador para todas as ideias que estavam se agitando em minha cabeça. Talvez esse fosse o caminho para a minha vocação?

QUARENTA DIAS

Pensei na ideia por semanas, mas não agi. Então, uma noite, encontrei minha melhor amiga, Ingrid Vanderveldt, para jantar e disse a ela o que estava pensando. Também compartilhei com ela que era hora de ela escrever o livro de que sempre falava e compartilhei meu entusiasmo pela "única coisa".

Algo surgiu em sua mente e, nas duas semanas seguintes, ela passou mais de trinta horas gravando 13 capítulos e fez o rascunho de um livro. Eu estava incrivelmente orgulhoso dela e também fiquei surpreso com a rapidez com que ela fez isso. Um fogo insaciável acendeu dentro de mim.

Comecei a pensar sobre como poderia realizar o processo de escrever meu próprio livro, mas não tinha certeza de como começar.

Mais ou menos naquela época, minha amiga Erin Fall Haskell, que estava fazendo doutorado e pesquisando sobre mediação de problemas, publicou um post nas redes sobre fazer um compromisso de quarenta dias consigo mesmo de modo a provocar mudanças em sua vida.

Simultaneamente, outro amigo compartilhou comigo uma história sobre fazer uma jornada espiritual de quarenta dias e como o número quarenta foi um número reverenciado na história antiga e em uma variedade de religiões.

Eu podia sentir que o universo estava me dizendo algo — agora era apenas uma questão de tempo.

DIA UM

Você sabe como é. Um dia você acorda e decide fazer algo — e realmente faz.

Para mim, foi numa sexta-feira, dia 1º de fevereiro de 2013, que minha jornada começou. Decidi me comprometer a passar a primeira hora de cada dia durante quarenta dias trabalhando em um livro (o que quer que isso significasse, já que na verdade eu não tinha ideia de como escrevê-lo).

Peguei um pedaço de papel em branco e minha prancheta de produtor, então comecei a escrever e desenhar. Eu segmentava palavras, frases e títulos e, em seguida, voltava e circulava, sublinhava e marcava as melhores coisas. Em seguida, digitei esses itens no meu computador e fiz um índice de uma página.

Dia um completo. O segundo dia foi gasto pegando aquela única página do dia anterior e expandindo em um capítulo em seu próprio esboço. Cada dia era semelhante, pois todos os dias dali em diante envolveriam o desenvolvimento de uma seção, transitando entre início, meio e tangentes, mas sempre fazendo progresso em alguma coisa.

Não havia muita rima ou ritmo; simplesmente saía. E eu não tinha certeza se havia um livro ali ou não, mas era bom me dedicar ao processo na primeira hora de cada dia. Eu podia sentir o progresso que estava fazendo em algo que por anos havia sido apenas um pensamento.

Na marca dos vinte dias, percebi sentimentos sutis de dúvida e frustração surgindo —o tipo que surge em projetos realmente grandes. Foi quando eu estive mais vulnerável a interromper o processo de escrita. A hesitação de que eu realmente poderia transformar aqueles esboços e rabiscos em um livro real surgiu. Mas eu estava comprometido com os quarenta dias, então prossegui.

Então, aconteceu. No 31º dia, vi o livro se desdobrar diante de mim e sabia que aquilo era exatamente o que eu precisava fazer. A visão era incrivelmente clara. Minha mente, corpo e espírito alinhados. Eu precisava seguir na direção deste livro, e é isso que me levaria a uma interpretação mais clara da minha vocação. Eu precisava escrever e terminar o livro.

Depois que a euforia do meu momento "eureka" passou, a realidade de ter que escrever um livro "real" se estabeleceu, assim como o fato de que eu ainda não sabia o que estava fazendo. Continuei trabalhando nisso todos os dias, às vezes uma hora e outros dias seis horas, dependendo do meu humor, carga de trabalho e inspirações. Estranhamente, eu amei essa parte do processo. Acabou sendo minha salvação porque eu não tinha ideia de quanto tempo a jornada duraria...

Serei eternamente grato a Gary, Ingrid e Erin, pois eles foram os verdadeiros catalisadores que me motivaram a começar a escrever este livro nos primeiros dias. O engraçado é que aqueles dias se transformaram em meses, e meses em anos; seis anos depois, o livro finalmente está pronto.

MAR DE GRATIDÃO

É aqui que surge um mar de gratidão e apreço por todos que fizeram parte disso. Se não fosse por eles, não tenho certeza se este livro estaria em suas mãos.

Vamos começar do topo.

Para a mulher mais importante deste planeta, minha mãe, ou, para os íntimos, Mamãe G. Você é a estrela guia de minha vida — fornecendo mais inspiração, alegria e acolhimento do que eu jamais poderia explicar. Um fluxo constante de otimismo, orgulho, encorajamento e amor que me ajudou a atravessar tudo na vida e, especialmente, este livro, embora você não tenha noção disso. Suas histórias têm marcado minha formação como pessoa, e ter você como mãe é o maior presente que já recebi. E eu adoro ter você como minha fã número um (fato evidenciado por todos os *likes* que você dá em cada postagem que eu faço nas redes sociais). Se alguém está pronto para o lançamento deste livro, é você. Obrigado por tudo, principalmente pelo seu amor.

Às minhas irmãs, Cindy, Lindy, Mindy e Windy por serem a base da minha vida. Foram vocês, quatro mulheres incríveis, que me ensinaram gentileza, generosidade, amor e humor. Poucas coisas se comparam a sentar-se à mesa de jantar, descansar ao lado de uma lareira acesa ou ficar no quintal com todas vocês — bebendo drinks e comendo comida mexicana caseira — enquanto compartilhamos histórias sem parar e rimos por horas a fio. Estar com vocês continua a ser um dos meus passatempos favoritos. E foi com vocês e nossa mãe que aprendi a arte de contar histórias.

Para minha melhor amiga, Ingrid Vanderveldt, uma das luzes mais brilhantes deste planeta, cheia de compaixão, carinho e autenticidade. Obrigado por sempre estar ao meu lado nos bons momentos e nos momentos desafiadores, fornecendo sua fonte infinita de positividade e otimismo, e sendo para sempre aquela pessoa em quem eu posso confiar. Fico sempre lisonjeado por sua capacidade de ver o que há de bom em mim e me fazer sentir como se eu fosse o melhor do mundo em tudo que faço. Eu sou mais do que abençoado por ter você em minha vida.

Para meu melhor amigo de quatro patas, Fitty G. Você me mostrou por que os cães são chamados de melhores amigos do homem. Você é um apoiador silencioso e inabalável, além de ser meu coautor, já que esteve ao meu lado durante toda a jornada de escrita. Ajudar-me a compreender o significado do amor incondicional todos os dias me ajudou nesta jornada como se o universo tivesse colocado você ali com este propósito. Devo tudo a você e valorizo cada momento que passamos juntos — mesmo quando você rouba meus lanches da mesa de centro quando eu não estou olhando.

Ao meu assistente de longa data e mentor de escrita, Brett Randell. Ter alguém cujo ofício é a escrita estando a apenas uma mensagem, e-mail, telefone ou encontro para pizza e cerveja de distância foi reconfortante, e sempre me lembrarei disso. Um brinde a você.

Ao meu parceiro de produção, Toby Schwartz, fundador da Real Normal Productions. Poucas coisas se comparam a ter um produtor e escritor incrivelmente talentoso como um braço direito para verificar seu trabalho, sugerir ideias e dar um feedback franco e sem filtro. Todo criador de conteúdo precisa de um Toby em sua vida.

Aos meus companheiros de graduação do Novo México: Jon Stanford, T. A. Corcoran, Scott Harenberg, Dino Pellicano (e Willy Melfi), que estiveram comigo nos bons e maus momentos desde aquela época. Felizmente, ainda estamos todos vivos. Minha habilidade de contar histórias foi preparada nos corredores de nosso alojamento e continua a se desenvolver graças às nossas viagens e reuniões. Eu me sinto abençoado por ainda estarmos contando histórias e criando memórias depois de todos esses anos. Sinto-me honrado por poder chamá-los de família por todas as experiências de vida e laços criados enquanto fazíamos as coisas mais legais (e mais idiotas) juntos.

Aos meus irmãos de outras mães, Mike Appel, Tom Inman, Wes Breyfogle e Paul Shaffer, por sempre fazerem questão de organizar encontros e aproveitarem o esplendor da vida. É difícil descrever o quão importante essas reuniões têm sido para mim, com amigos que não entendem muito bem o que você está fazendo, mas o apoiam de qualquer maneira. Apenas nos reunimos, rimos e vivemos intensamente enquanto temos a honra de estarmos vivos.

E obrigado a Amy Cosper pelas dicas de redação privilegiadas, vindas de alguém que já foi editora-chefe; ao dr. Paul Zak pelas aulas de neurociência; a Erin "Jonesie" Jones por sua habilidade criativa; e a Jared Tennant pelo suporte técnico ao melhor estilo MacGyver. O apoio de vocês foi mais importante do que imaginam.

OBRIGADO PELOS RITUAIS

O que foi realmente fascinante no processo de escrita do livro foram todos os rituais e lugares que incorporei à minha rotina diária e que se tornaram parte deste livro. Todos os dias eu acordava por volta das cinco da manhã, ficava deitado na cama até minha mente funcionar totalmente (normalmente cerca de trinta minutos), escrevia por 60 a 75 minutos e, em seguida, fazia uma pausa para brincar com Fitty G e seguir para o meu food truck saudável favorito, o Picnik, fundado por Naomi Seifter. Lá eu pedia um *latte* de matcha verde com leite de coco e conversava com os funcionários e outros clientes antes de voltar para começar o resto do meu dia.

Ao longo do caminho, fui apresentado à beleza, elegância e desafio da ioga por uma ocasião em que filmei a fundadora da Wanderlust Austin, Ashley Spence. Decidi fazer outro desafio de quarenta dias para experimentar a ioga "de maneira adequada", indo ao estúdio dela e tendo aulas de ioga básica de uma hora. Três anos depois e ainda vou duas a três vezes por semana, pois a ioga se tornou parte da minha vida. E, surpreendentemente, a ioga se tornou uma base para que eu escrevesse o livro. Isso me lembrou dos meus dias como instrutor de esqui e tutor de matemática, quando eu abordava o ensino com uma "mente de iniciante" para me relacionar melhor com meus alunos. Essa perspectiva foi inestimável na elaboração da estrutura SoFE.

SCRIBE ENTRA EM CENA

Depois de alguns anos trabalhando no livro em carreira solo, comecei a olhar para várias opções para publicar o livro. Conversei com outros autores, pesquisei editoras de livros independentes e participei de conferências e eventos para aprender sobre o processo. Naquela época, eu estava mergulhado na escrita diária, construindo este tesouro de pesquisa de narrativa empresarial, perfis de fundadores, lições e conhecimentos que deveriam de alguma forma caber no livro.

É aqui que entra o Scribe (chamado Book in a Box na época). Um amigo me apresentou ao fundador, Tucker Max, pouco antes de ele e Zach Obront iniciarem a empresa. Acabei produzindo vídeos para o Scribe e entrevistei mais de 12 autores, ouvindo em primeira mão como o Scribe fez uma diferença incrível em seus próprios livros e até em suas vidas. Quando olho para trás, vejo que comprei o conceito imediatamente, mas demorei um pouco para abandonar o ego e deixá-los me ajudar. Foi uma das melhores decisões que tomei porque me permitiu não apenas terminar o livro, mas também começar a me concentrar na questão mais ampla da plataforma Storytelling for Entrepreneurs.

A Tucker; tenho uma enorme dívida de gratidão com você por seu feedback sem filtros sobre aquele capítulo que tentei fazer sozinho, me mostrando que eu realmente precisava de ajuda, mas ainda mais por ter se tornado um grande amigo ao longo do caminho, fornecendo conselhos inestimáveis, bem como um lugar para ir quando eu precisasse.

A Zach, por dar início ao processo e por se certificar de que eu estava além de satisfeito em cada etapa. A Hal Clifford, por me ajudar na transição de produtor de vídeo a autor, apresentando-me ao processo de elaboração de livros. À minha sempre paciente agente, Emily Gindlesparger, por me guiar por todas as partes do livro. Seu modo encantador de ser compreensiva quando a vida em geral atrapalhava o andamento do livro, mas se me pressionar delicadamente para continuar seguindo em frente, é mais apreciado do que você imagina.

A quem me ajudou a encontrar minha voz, minha editora, Cory Martin. O Scribe não é *ghost writing*. Eles pegam as ideias que estão em sua cabeça e as palavras que você fala e transformam em prosa de livro, que posteriormente se transformou nos parágrafos dessas páginas. É um processo incrível, e Cory tem sido minha pessoa de confiança ao longo de todo o caminho — dando-me orientação, liberdade e conselhos sábios. Estou eternamente em dívida com ela por sua paciência, apoio e fé.

E a J. T. McCormick, CEO e pedra angular do Scribe. Nunca vou esquecer o telefonema que recebi dele quando estava passando por um momento particularmente difícil na minha vida, dizendo: "Não se preocupe com nada. Estaremos aqui por você. Continue fazendo o que está fazendo. Estamos juntos." Não posso agradecer o suficiente a toda a equipe Scribe. Eu provavelmente ainda estaria tratando o processo de escrita do livro como se estivesse tentando escrever uma obra de arte de uma vida se não fosse pela equipe do Scribe. Agora sei que este é o primeiro livro de muitos que virão.

AINDA MAIS GRATIDÃO

Quando comecei a escrever o livro, não tinha ideia de que demoraria tanto ou que tantas camadas de mim mesmo e meu propósito se desdobrariam da forma como aconteceu.

Ao longo do caminho, houve incontáveis outras pessoas que desempenharam papéis especiais em minha própria narrativa pessoal e ajudaram a acender o fogo da escrita de maneira única.

Em primeiro lugar, os empreendedores e fundadores citados neste livro. Obrigado por serem os homens e mulheres na arena "cujo rosto está manchado de poeira, suor e sangue; que se esforçam bravamente", como Teddy Roosevelt afirmou tão eloquentemente em seu famoso discurso. Sua paixão, compromisso e vontade de ousar constantemente alimentam minha motivação e são o motivo pelo qual adoro compartilhar suas histórias.

Estranhos que conheci e que expressaram sua crença de que inúmeros aspirantes a fundador se beneficiariam com o que eu estava fazendo e que isso era extremamente necessário. Colegas profissionais que achavam que eu queria apenas o título de autor ou que, ingenuamente, acreditavam que esse livro me traria sucesso. Baristas que se perguntavam como seria colocar seu coração em alguma coisa diariamente. Autores com quem entrei em contato e que me desprezaram como se eu visse potencial demais em minha empreitada ou que acharam que eu não tinha ideia do que estava fazendo (o que é parcialmente verdade — graças a Deus pelo Scribe!). Membros do público com quem conversei, que vieram até mim depois de minha palestra perguntando como poderiam adquirir meu livro assim que estivesse pronto. Clientes que perguntaram quando eu realmente terminaria este livro, em dúvida se ele algum dia seria lançado — de uma forma amorosa, é claro. Colegas que desdenharam do livro, pois viam isso como outra busca frívola de empreendedorismo. E amigos que ofereceram apoio inabalável porque realmente queriam que eu brilhasse muito e compartilhasse meu dom com o mundo.

Obrigado. A todos vocês.

Cada um de vocês desempenhou um papel especial na criação deste livro e, por isso, serei eternamente grato.

Para mim, o processo de escrita nunca foi sobre o livro ou sobre ser um autor. Era sobre o que eu descobriria na jornada. Era sobre a jornada mental e emocional que eu sabia que iria passar ao tentar levar minhas ideias para o mundo, e como essa viagem iluminaria a estrada que eu precisava seguir. Foi tudo isso e muito mais, à medida que esse caminho está claro para mim agora.

Mas devo dizer que é fabuloso ter este livro concluído, e pode até ser que eu adicione "autor" aos meus outros títulos em algumas apresentações. Eu não sabia o tamanho do impacto que este livro teria sobre mim, o quão lisonjeado eu ficaria pela ajuda daqueles que o tornaram possível e o quanto significaria ser capaz de compartilhá-lo com você.

Por fim, agradeço a você, leitor, porque agora você faz parte da minha jornada. Estou incrivelmente honrado por você ter investido tempo para ler este livro e aprender sobre o que eu queria compartilhar. Por isso, de fundador para fundador, eu agradeço.

Extremamente grato,

Lyn Graft

NOTAS DE FIM

REFERÊNCIAS DAS HISTÓRIAS DE FUNDADORES

ADAM BRAUN

"Adam Braun on His New Book, Surviving a Near-Death Experience + Justin Bieber as a Role Model", MTV, 18 de março 2014, http://act.mtv.com/posts/adam-braun-the-promise-of-a-pencil/.

Adam Braun, *Adam Braun: How He Started Pencils of Promise*, vídeo do YouTube, 2014, http://www.youtube.com/watch?v=EV2KSKb0b_8.

Adam Braun, *The Promise of a Pencil: How an Ordinary Person Can Create Extraordinary Change*, edição Kindle (New York: Scribner, 2014).

Anne Vandermey, "Why You Should Ditch Your Desk Job", *Fortune*, 17 de março de 2014, http://management.fortune.cnn.com/2014/03/17/adam-braun-pencils-of-promise/.

Catherine Clifford, "Pencils of Promise Is Giving Nonprofits a Hard-Nosed Entrepreneurial Facelift", *Entrepreneur*, 26 de novembro de 2013, http://www.entrepreneur.com/article/230126.

Dan Schawbel, "Adam Braun — How He Started Pencils of Promise", *Forbes*, 18 de março de 2014, http://www.forbes.com/sites/danschawbel/2014/03/18/adam-braun-how-he-started-pencils-of-promise/.
David D. Burstein, "Innovation Agents: Adam Braun, Justin Bieber, and Pencils of Promise", *Fast Company*, maio de 2012, http://www.fastcompany.com/1835510/innovation-agentsadam-braun-justin-bieber-and-pencils-promise.
Journey of Action, *Adam Braun's Inspiration for Pencils of Promise*, vídeo do YouTube, 2011, http://www.youtube.com/watch?v=JdAM-MUjhNo.
Rebecca Serle, "The New Nonprofit: Pencils of Promise", *Huffington Post*, 29 de novembro de 2010, http://www.huffingtonpost.com/rebecca-serle/the-new-nonprofitpencils_b_785603.html.
Shirley Halperin, "Adam Braun on Pencils of Promise and How Justin Bieber Is 'Making the World Better'", *Hollywood Reporter*, 28 de julho de 2011, http://www.hollywoodreporter.com/news/adam-braun-pencils-promise-how-216267.
Helaina Hovitz, "Pencils of Promise Founder Reminds Us to Focus on the Children, Not Just the Statistics", *Huffington Post*, 7 de março de 2014, http://www.huffingtonpost.com/helaina-hovitz/pencils-of-promise-founde_b_4922056.html.

BEN SILBERMANN

Alyson Shontell, "Meet Ben Silberman, the Brilliant Young Co-Founder of Pinterest", *Business Insider*, 13 de março de 2012, http://www.businessinsider.com/pinterest-2012-3.
Ben Silbermann, *Co-founder of Pinterest Shares His Story*, vídeo online, http://cofounder.tv/videos/ben-silbermann-cofounder-pinterest-story/.
Bryan Keplesky, "Pinterest's Ben Silbermann to 'Treps: Make Something Beautiful", *Entrepreneur*, 14 de março de 2012, http://www.entrepreneur.com/blog/223155.
Carole Cadwalladr, "Ben Silbermann — The Modest Genius Behind Pinterest", *The Guardian*, 5 de abril de 2014,

http://www.theguardian.com/technology/2014/apr/05/pinterest-interview-ben-silbermann-social-media.
Christine Lagorio-Chafkin, "Introducing the 2 Young Men Who Made Pinterest", *Inc.*, 12 de julho de 2012, http://www.inc.com/30under30/christine-lagorio/ben-silbermann-evansharp-founders-pinterest.html.
Jessi Hempel, "Is Pinterest the Next Facebook?", *Fortune*, 22 de março de 2012, http://fortune.com/2012/03/22/is-pinterest-the-next-facebook/.
Max Chafkin, "Can Ben Silbermann Turn Pinterest into the World's Greatest Shopfront?", *Fast Company*, 30 de agosto de 2012, http://www.fastcodesign.com/1670681/ben-silbermann-pinterest.
Pinterest Business, *Pinterest Co-Founder and CEO Bem Silbermann*, 2013, vídeo do YouTube, http://www.youtube.com/watch?v=KwligC0QUA0.
Sara Wilson, "Ben Silbermann, Pinterest Founder and CEO, Talks Criticism and Fears", *Huffington Post*, 27 de novembro de 2012, http://www.huffingtonpost.com/2012/11/27/bensilbermann-pinterest_n_2173143.html.
Startup Grind, *Ben Silbermann (Pinterest) — His Background*, 2012, vídeo do YouTube, http://www.youtube.com/watch?v=P_-_JxymBTg.
Startup Grind, *Ben Silbermann (Pinterest) — The Early Days of Pinterest*, 2012, vídeo do YouTube, http://www.youtube.com/watch?v=oZYYzoSugfE.
Tom Simonite, "Pinterest's Founder: Algorithms Don't Know What You Want", *MIT Technology Review*, 9 de fevereiro de 2013, http://www.technologyreview.com/qa/511096/pinterests-founder-algorithms-dont-know-what-you-want/.
Tomio Geron, "Ben Silbermann on How Pinterest Slowly Grew to Massive Scale," *Forbes*, 22 de outubro de 2012, http://www.forbes.com/sites/tomiogeron/2012/10/22/ben-silbermann-on-how-pinterest-slowly-grew-to-massivescale/.

JEFF BEZOS

"Jeff Bezos", Academy of Achievement, 2013, http://www.achievement.org/autodoc/page/bez0bio-1.

Amazon.com Full Story—World Biggest Online Retailer Revealed, vídeo do YouTube, setembro de 2013, https://www.youtube.com/watch?v=smygeWmpavA.

Brad Stone, "Jeff Bezos and the Age of Amazon", *Business Week*, outubro de 2013, http://www.businessweek.com/articles/2013-10-10/jeff-bezos-and-the-age-of-amazonexcerpt-from-the-everything-store-by-brad-stone#p1.

Chip Bayers, "The Inner Bezos", *Wired*, 1º de março de 1999, http://archive.wired.com/wired/archive/7.03/bezos_pr.html.

Chuck Severance, *Jeff Bezos 1997 Interview*, vídeo do YouTube, 22 de dezembro de 2013, https://www.youtube.com/watch?v=rWRbTnE1PEM.

Corporate Valley, *Amazing Amazon Story — Jeff Bezos Full Speech*, vídeo de YouTube, 27 de maio de 2013, https://www.youtube.com/watch?v=YlgkfOr_GLY.

Eric Jackson, "6 Things Jeff Bezos Knew Back in 1997 That Made Amazon a Gorilla" *Forbes*, 16 de novembro de 2011, http://www.forbes.com/sites/ericjackson/2011/11/16/6-things-jeffbezos-knew-back-in-1997-that-made-amazon-a-gorilla/.

J. R. MacGregor, *Jeff Bezos: The Force Behind the Brand: Insight and Analysis into the Life and Accomplishments of the Richest Man on the Planet*, edição Kindle (Sheridan, WY: CAC Publishing, 2018).

Richard L. Brandt, "Birth of a Salesman" *Wall Street Journal*, 15 de outubro de 2011, https://www.wsj.com/articles/SB10001424052970203914304576627102996831200.

Rob Walker, "Jeff Bezos, Amazon.com" *Inc.*, 4 de janeiro de 2004, http://www.inc.com/magazine/20040401/25bezos.html.

MARC BENIOFF

"A Conversation with Marc Benioff, Founder & CEO of Salesforce.com [Vídeo, Transcrição]", Endeavor, 16 de fevereiro de 2012, http://www.endeavor.org/blog/marc-benioff-keynote/.

"How to Pursue Innovation with Marc Benioff", Salesforce Work.com Blog, outubro de 2013, http://work.com/blog/2013/10/pursue-innovation-marc-benioff/.
"Storytelling Tips from SalesForce's Marc Benioff", *Businessweek*, novembro de 2009, http://www.businessweek.com/smallbiz/content/nov2009/sb2009112_279472.htm.
Chris Preimesberger, "Marc Benioff: Trend Seer and Business Socialist" *eWeek*, 19 de maio de 2011, http://www.eweek.com/c/a/Cloud-Computing/Marc-Benioff-Trend-Seer-and-Business-Socialist-257483/.
David A. Kaplan, "SalesForce's Happy Workforce", *Fortune*, 19 de janeiro de 2012, http://fortune.com/2012/01/19/salesforces-happy-workforce/.
Marc Benioff e Carlye Adler, *Behind the Cloud: The Untold Story of How Salesforce.com Went from Idea to Billion-Dollar Company and Revolutionized an Industry* (San Francisco: Jossey-Bass, 2009).
University of California Berkley, *Marc Benioff Speaks at UC Berkeley Commencement*, vídeo do YouTube, 18 de maio de 2015, https://www.youtube.com/watch?v=nEJpq16mP6g.
University of Southern California, *Marc Benioff USC Commencement Speech / USC Commencement 2014*, vídeo do YouTube, 16 de maio de 2014, https://www.youtube.com/watch?v=YFEgzfb_LBY.

MICHAEL DUBIN

Ashley Vance, "Dollar Shave Club's Founder: 'Yes, I Am a Funny Guy'", *Businessweek*, 12 de março de 2012, http://www.businessweek.com/articles/2012-03-12/dollar-shave-clubs-founder-yes-i-am-a-funny-guy.
Benjamin F. Kuo, "Interview with Michael Dubin, Founder of Dollar Shave Club", socalTECH, 22 de março de 2012, http://www.socaltech.com/interview_with_michael_dubin__dollar_shave_club/s-0041685.html.
Darren Dahl, "Dollar Shave Club, From Viral Video to Real Business", *New York Times*, 11 de abril de 2013, http://www.nytimes.com/2013/04/11/

business/smallbusiness/dollar-shave-club-from-viral-video-to-real-business.html?pagewanted=all&_r=0.
Dollar Shave Club, *Our Blades Are F***ing Great*, vídeo do YouTube, 6 de março de 2012, https://www.youtube.com/watch?v=ZUG9qYTJMsI.
Emily Glazer, "A David and Gillette Story", *Wall Street Journal*, 12 de março de 2012, https://www.wsj.com/articles/SB10001424052702303624004577338103789934144.
J. J. Colao, "Dollar Shave Club: Breaking the Razor Blade Monopoly", *Forbes*, 3 de abril de 2012, http://www.forbes.com/sites/jjcolao/2012/04/03/dollar-shave-club-breaking-the-razor-blade-monopoly/.
Jack Neff, "How Dollar Shave Club Hit a 'Nerve Center' with Consumers," *Ad Age*, 3 de julho de 2012, http://adage.com/article/cmo-interviews/questions-razor-marketer-ad-age-cmostrategy-summit-speaker-michael-dubin/235750/.
Jessica Naziri, "Dollar Shave Club Co-Founder Michael Dubin Had a Smooth Transition", *Los Angeles Times*, 16 de augusto de 2013, http://articles.latimes.com/2013/aug/16/business/la-fi-himi-dubin-20130818.
Katie Morell, "Michael Dubin: The Terrible Part about Having a Viral Video", American Express Open Forum, 25 de fevereiro de 2013, https://www.openforum.com/articles/building-an-empire-michael-dubin-of-dollar-shave-club/.
Nate C. Hindman, "Michael Dubin, Dollar Shave Club: Razors 4 Less", *Huffington Post*, 8 de março de 2012, http://www.huffingtonpost.com/2012/03/08/dollar-shaveclub_n_1326884.html.
Site Dollar Shave Club, acesso em: 12 de novembro de 2018, http://www.dollarshaveclub.com.

SARA BLAKELY

"'My Own Butt' Spanx Inspiration: Billionaire Inventor" CNBC, 16 de outubro de 2013, http://www.cnbc.com/id/101116826.

"How Spanx Got Started" *Inc.*, vídeo online, acesso em 12 de novembro de 2018, http://www.inc.com/sara-blakely/howsara-blakley-started-s-panx.html.

"Success Stories: Sara Blakely," SUCCESS, http://www.success.com/article/success-stories-sara-blakely.

Claire O'Connor, "How Sara Blakely of Spanx Turned $5,000 into $1 Billion," *Forbes*, 14 de março de 2012, http://www.forbes.com/global/2012/0326/billionaires-12-featureunited-states-spanx-sara-blakely-american-booty.html.

Conn Jackson, *Sara Blakely: How She Started Spanx*, vídeo do YouTube, 6 de janeiro de 2012, http://www.youtube.com/watch?v=kFx-RdVLheI.

Spanx, *Sara Blakely of SPANX Speaks at The Edge Connection — Atlanta, GA*, vídeo do YouTube, 9 setembro de 2011, http://www.youtube.com/watch?v=m1tTZSuHJKM.

Teri Evans, "Sara Blakely on Resilience", *Entrepreneur*, 21 de março de 2011, http://www.entrepreneur.com/article/219367.

TONY HORTON

Amy Levin-Epstein, "P90x Creator Tony Horton: My Success Secrets" *CBS News*, 14 de junho de 2011, http://www.cbsnews.com/news/p90x-creator-tony-horton-my-success-secrets/.

Angela Haupt, "Tony Horton, P90X Creator, on What He Eats for Breakfast and How Yoga Saved His Life", *Huffington Post*, 12 de setembro de 2013, http://www.huffingtonpost.com/2013/09/12/tony-horton-p90x--yogabreakfast_n_3902266.html.

Burt Helm, "The 22nd Time Is the Charm", *Inc.*, 28 de junho de 2012, http://www.inc.com/magazine/201207/burt-helm/how-i-did-it-carl--daikeler-beachbody.html.

Carol Bardelli, "Fitness Trainer of the Stars: Tony Horton Biography", *HealthyNewAge*, http://www.healthynewage.com/blog/p90x-fitness-exercise-program/.

Dina Spector, "Paul Ryan Can Thank This 54-Year-Old Man for His Ripped Body", *Business Insider*, 27 de setembro de 2012, http://www.businessinsider.com/tony-horton-p90x-inventor-paul-ryan-fitness-2012-9.
Eric Adelson, "P90X Factor: The Childhood Secret to Fitness Guru Tony Horton's Success", *ThePostGame*, 6 de outubro de 2011, http://www.thepostgame.com/blog/eye-performance/201110/p90x-factor-secret-tony-hortons-success.
Mark Dietel, *Tony Horton Summit 2012*, vídeo do YouTube, 25 de junho de 2012, http://www.youtube.com/watch?v=LPq-Rj-4NpM.
Stuart Pfeifer, "Tony Horton: Personal Trainer to the Masses", *Los Angeles Times*, 1º de janeiro de 2012, http://articles.latimes.com/2012/jan/01/business/la-fi-himi-horton-20120101.
Wall Street Journal, *P90X Fitness Series Creator Tony Horton — WSJ Interview*, vídeo do YouTube, 10 de fevereiro de 2012, https://www.youtube.com/watch?v=gCXAXDu29Uk.

SOBRE O AUTOR

LYN GRAFT é o fundador do Storytelling for Entrepreneurs, uma plataforma online para ajudar fundadores a criar, contar e compartilhar suas histórias. Nos últimos 15 anos, Lyn filmou as histórias de mais de quinhentos dos principais empreendedores do mundo, incluindo os fundadores do LinkedIn, Starbucks, Dell e Whole Foods. Ele produziu mais de oitocentos vídeos focados em empreendedores, startups e conteúdo de negócios e dedicou vinte mil horas ao estudo e prática do storytelling empreendedor. Lyn é empresário, produtor, amante de cães e cocriador do *American Made* da CNBC. Ele é bacharel em engenharia elétrica pela New Mexico State University e tem MBA pela University of Texas em Austin.